세밀화로 그린 보리 어린이
갯벌 도감

세밀화로 그린 보리 어린이

갯벌 도감

글 / 보리 편집부
그림 / 이원우, 백남호, 조광현, 천지현, 김시영, 이우만, 이주용
감수 / 고철환(서울대학교 해양학과 교수), 김수일(전 한국교원대학교 생물학과 교수)
손민호(부경대학교 해양과학공동연구소 선임연구원), 이학곤(강화 길상초등학교 교사)
전의식(한국식물연구회 명예회장), 제종길(전 한국해양연구소 책임연구원)

도와주신 분 / 강삼영(동해 망상초등학교 교사), 길현종(성균관대학교 생명과학과 박사)
김석원(경남 통영), 박형진(전북 부안), 방민석(강원 속초), 신옥근(제주 화북)
안인숙(전북 부안), 양복님(전북 부안), 양인숙(제주 화북), 오윤식(경상대학교 생물학과 교수)
유재명(한국해양연구소 책임연구원), 윤구병(변산공동체), 이기주(통영 충렬초등학교 교감), 이백연(전북 부안)
이장호(서울대학교 환경대학원 박사), 이종영(전북 부안), 조찬준(전북 부안), 최병래(전 성균관대학교 생명과학과 교수)
* 수송나물과 나문재 자료 도움 / 이학곤

개정판 편집 / 김용란, 김종현, 유현미, 이대경, 이상민, 이현주
교정·교열 / 신정숙
디자인 / 이안디자인
기획실 / 김소영, 김수연, 김용란
제작 / 심준엽
영업마케팅 / 김현정, 심규완, 양병희
영업관리 / 안명선
새사업부 / 조서연
경영지원실 / 노명아, 신종호, 차수민
인쇄 / (주)로얄프로세스
제본 / 과성제책

초판 1쇄 펴낸 날 / 2004년 5월 3일
개정판 1쇄 펴낸 날 / 2007년 7월 20일
개정판 11쇄 펴낸 날 / 2025년 1월 20일
펴낸이 / 유문숙
펴낸 곳 / (주)도서출판 보리
출판 등록 / 1991년 8월 6일 제 9-279호
주소 / (10881) 경기도 파주시 직지길 492
전화 / (031) 955-3535, 전송 / (031) 955-3533
누리집 / www.boribook.com, 전자우편 / bori@boribook.com

ⓒ 보리, 2007
이 책의 내용을 쓰고자 할 때는 저작권자와 출판사의 허락을 받아야 합니다.
잘못된 책은 바꾸어 드립니다.
값 35,000원

ISBN 978-89-8428-450-0 76490
ISBN 978-89-8428-544-6 (세트)
이 도서의 국립중앙도서관 출판시도서목록(CIP)은 서지정보유통지원시스템 홈페이지(http://seoji.nl.go.kr)와
국가자료공동목록시스템(http://www.nl.go.kr/kolisnet)에서 이용하실 수 있습니다. (CIP 제어번호: CIP2007002077)

제품명: 도서 제조자명: (주) 도서출판 보리 주소: (10881) 경기도 파주시 직지길 492 전화번호: (031) 955-3535
제조년월: 2025년 1월 제조국: 대한민국 사용연령: 8세 이상 주의사항: 책의 모서리가 날카로우니 다치지 않게 주의하세요.
KC 마크는 이 제품이 공통안전기준에 적합하였음을 의미합니다.

세밀화로 그린 보리 어린이

갯벌 도감

동해 서해 남해 바닷가 동식물 179종

글 보리 | 그림 이원우 외 | 감수 고철환, 이학곤 외

보리

차례

일러두기 6

수천 년을 이어 온 갯살림 8

동해 서해 남해 10

밀물과 썰물 12

소중한 텃밭, 갯벌 14

바닷가 동물과 식물 16

게와 새우 | 절지동물 16

조개와 고둥과 문어 | 연체동물 18

해파리와 말미잘 | 자포동물 · 개맛 | 완족동물 · 개불 | 의충동물 22

갯지렁이 | 환형동물 23

불가사리와 성게와 해삼 | 극피동물 24

풀망둑과 짱뚱어 | 물고기 26

갈매기와 도요새 | 새 27

파래와 미역 | 바닷말 28

칠면초와 해당화 | 바닷가 식물 30

그림으로 찾아보기 32

■ 게와 새우 42
■ 조개 84
■ 고둥과 문어 116
■ 바닷가 작은 동물 158
■ 바닷말과 바닷가 식물 198

학명 찾아보기 228
우리말 찾아보기 231
참고한 책 238

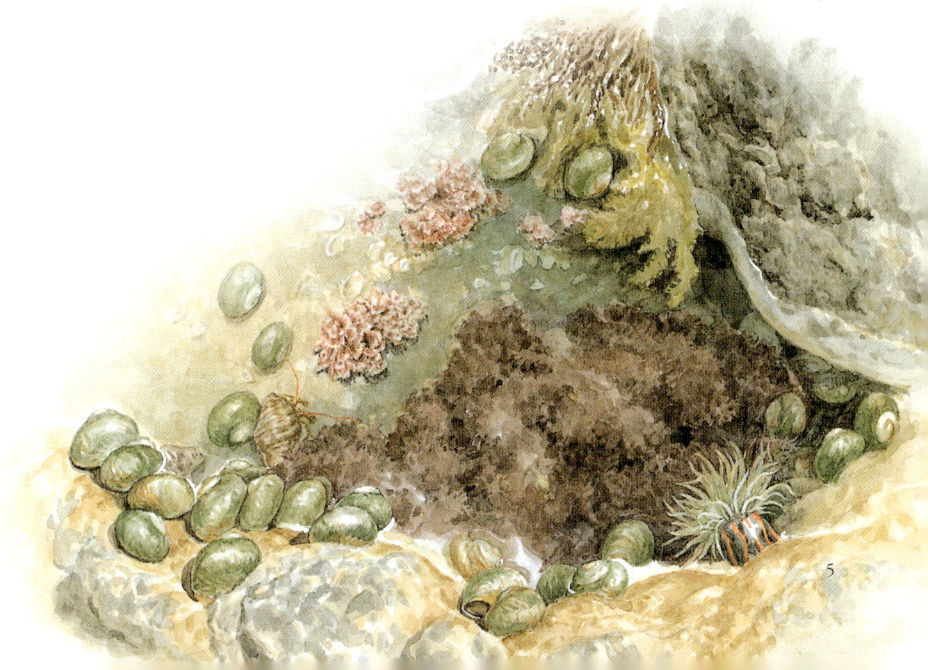

일러두기

1. 이 책에는 우리나라 동해, 서해, 남해 바닷가에서 사는 동물과 식물 179종이 실려 있습니다. 게와 새우, 조개, 고둥과 문어, 바닷가 작은 동물, 바닷말과 바닷가 식물, 이렇게 다섯 갈래로 나누어 놓았고, 갈래 안에서는 분류하는 차례대로 실었습니다. 찾아보기 쉽게 갈래마다 색깔이 다른 띠를 넣었습니다.

2. 이름과 분류와 학명은 《한국동물명집 (곤충 제외)》 (한국동물분류학회, 아카데미서적, 1997), 《한국동식물도감》 (제14권 동물편 집게·게류, 문교부, 1973), 《원색한국패류도감》 (권오길 외, 아카데미서적, 1993), 《원색한국패류도감》 (유종생, 일지사, 1991), 《한국의 새》 (이우신 외, 엘지상록재단, 2000), 《한국동식물도감》 (제8권 식물편 해조류, 문교부, 1968), 《대한식물도감》 (이창복, 향문사, 2003)을 참고했고, 감수해 주신 선생님의 말씀도 따랐습니다.

3. 맞춤법과 띄어쓰기는 《표준국어대사전》 (국립국어원)을 따랐습니다. 다만 과 이름에는 사이시옷을 적용하지 않았습니다.
   예. 바위겟과 → 바위게과, 보리새웃과 → 보리새우과

4. '학명 찾아보기'에서는 학명을 abc 차례로 실었습니다. '우리말 찾아보기'에서는 이름을 가나다차례로 실었고, 갯마을에서 쓰는 다른 이름도 함께 넣었습니다. 또 '환형동물'이나 '녹조류' 같은 낱말도 찾아볼 수 있습니다.

5. 크기에서 게의 '등딱지'는 등딱지 폭과 길이를 나타낸 것입니다. 조개의 '크기'는 조가비 폭과 높이를 나타낸 것이고, 고둥의 '크기'는 폭과 높이를 나타낸 것입니다.

6. 본문 보기

이름   다른 이름(북녘 이름)   학명

분류

취재한 때와 곳

몸길이나 크기, 먹이,
사는 곳, 잡거나 캐는 때,
특징 따위를 따로
적었습니다.

7

수천 년을 이어 온 갯살림

 우리 겨레는 아주 오래전부터 바다에서 나는 것을 먹고 살아왔다. 바닷가에 자리 잡은 선사 시대 집터나 조개더미를 보면 옛날부터 바닷가에서 갯일을 하고 물고기를 잡아먹었다는 것을 알 수 있다. 농사를 지어 먹을 것을 얻기에 앞서 바다에 나가 손쉽게 먹을 것을 구해 왔던 것이다.
 선사 시대 조개더미에서 나온 조개나 고둥 껍데기를 보면 낯익은 것이 많이 있다. 굴이나 바지락, 전복이나 소라같이 지금도 우리가 먹고 있는 것과 같은 것들이다. 바닷말도 오래전부터 먹어 왔다. 《삼국유사》에는 삼국 시대에 미역을 따서 먹었다는 기록이 나온다.
 이렇게 우리는 몇천 년 동안 조상들이 해 오던 것처럼 바다에서 먹을 것을 얻고 있다. 지금도 갯마을 사람들은 갯벌에서 조개를 캐고 고둥을 줍는다. 또 바닷속에서 전복을 따고, 배를 타고 나가서 물고기를 잡는다. 요즘은 고기잡이 기술이 발달해서 먼 바다에 나가 몇 년씩 바다에서 살며 고기를 잡기도 한다. 또 가까운 바다에서는 굴이나 가리비 같은 조개는 물론, 미역이나 다시마 같은 바닷말도 길러서 먹는다.

동죽이 가득 담긴 자루

갈고리
조개 캘 때 많이 쓴다.

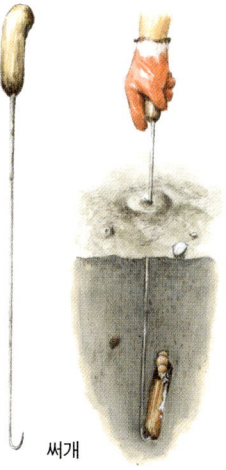
써개
대맛조개를 캘 때 쓴다.

조개 캐는 아주머니

여러 가지 동죽

동해 서해 남해

　우리나라는 북쪽을 빼고 동쪽, 서쪽, 남쪽 삼면이 바다로 둘러싸여 있다. 해안선 길이만 10,000km가 넘고, 섬까지 보태면 해안선 길이는 훨씬 더 길어진다. 동해와 서해와 남해의 해양 환경은 저마다 다 다르다.

　동해는 물이 차고 깊어서 찬물을 좋아하는 물고기들이 많이 산다. 바닷가는 모래톱이나 바위로 이루어진 곳이 많고, 밀물과 썰물의 차이가 작아서 썰물 때에도 너른 바닷가 땅이 드러나지 않는다. 그래서 동해에 가면 바닷물이 늘 한자리에 있는 것처럼 보이기도 한다.

　서해는 물이 얕고 따뜻하다. 물빛도 동해와 달리 누른빛을 많이 띤다. 그래서 '황해'라고도 한다. 또 밀물과 썰물의 차이가 커서 물이 빠지면 뭍의 들판처럼 너른 갯벌이 펼쳐진다. 이렇게 물이 얕고 갯벌이 넓어서 아주 오래전부터 갯살림이 풍성하게 발달했다. 고기잡이 기술이 발달하지 않았던 때에도 사람들이 조개를 캐고 고둥을 줍고 물고기를 잡아먹고 살 수 있었다.

　남해는 서해처럼 해안선이 꼬불꼬불하고 크고 작은 섬이 많다. 섬이 워낙 많아서 '다도해'라고도 한다. 겨울에도 날씨가 따뜻해서 물고기들이 알을 낳기 좋다. 김이나 굴 양식처럼 여러 가지 바다 농사를 하기에도 알맞다. 가장 남쪽에 있는 제주도 바다에는 아열대성 생물이 많이 산다.

문어 단지
바다에 던져 놓으면 문어가 기어들어 간다.

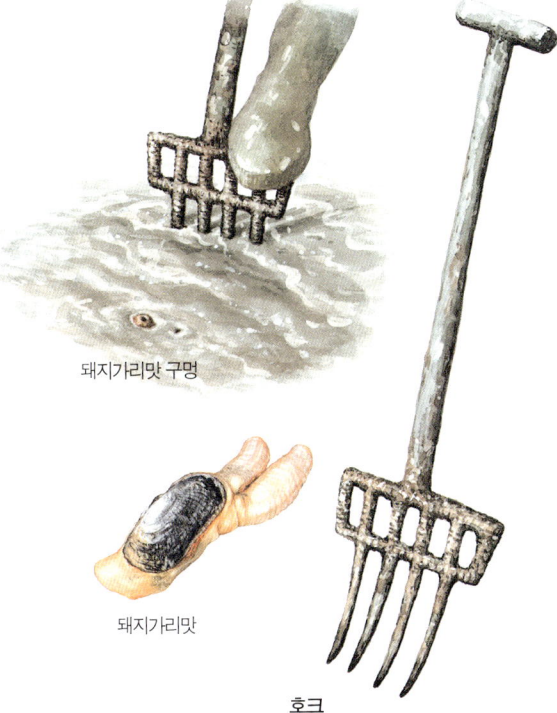

돼지가리맛 구멍

돼지가리맛

호크
돼지가리맛을 캘 때 쓴다.

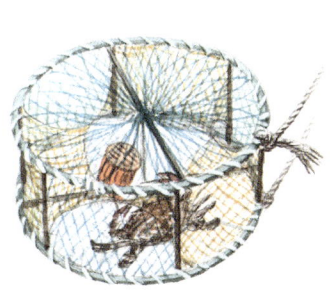

꽃게잡이 통발
미끼를 넣은 통발을 바닷속에 던져 놓으면 꽃게가 걸려든다. 갑오징어나 새우나 피뿔고둥도 통발을 써서 잡는다.

민꽃게

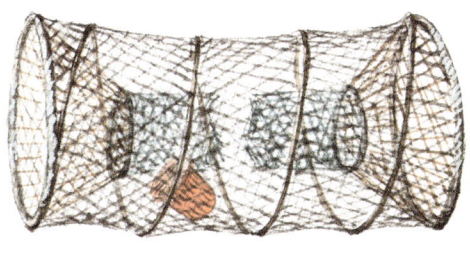

민꽃게 잡는 통발

밀물과 썰물

우리나라 바닷가는 하루에 두 번 바닷물이 들어왔다 나간다. 물이 바다 쪽으로 빠지는 것을 '썰물'이라고 하고 물이 육지 쪽으로 들어오는 것을 '밀물'이라고 한다. 물이 들어오고 나가는 시간은 '물때'라고 한다.

밀물과 썰물의 차이가 아주 작은 동해는 물때가 별로 중요하지 않지만, 서해나 남해 바닷가 사람들은 물때에 맞춰 갯일을 하기 때문에 물때를 잘 알아야 한다. 들에서 하는 농사일은 해가 떠 있는 동안 하지만, 갯일은 바닷물이 빠져야 할 수 있다. 바닷물이 빠져 있는 시간은 지역마다 다르다. 보통 3~4시간쯤 되지만 1~2시간밖에 안 되는 곳도 있고 7~8시간이나 되는 곳도 있다.

바닷물이 들어오고 빠지는 정도도 날마다 다르다. 밀물과 썰물의 차이가 작아서 바닷물이 가장 적게 들어오고 적게 빠지는 때를 '조금'이라고 한다. 이와 반대로 밀물과 썰물의 차이가 커서 바닷물이 가장 많이 들어오고 많이 빠지는 때를 '사리'라고 한다. 사리 무렵이 갯일을 하기에 더 좋다. 사리는 다달이 음력 15일(보름날)과 30일(그믐날), 조금은 음력 8일과 23일이다.

물이 빠져 있는 동안 갯벌은 천혜의 식량 창고가 된다. 호미 한 자루만 있으면 부지런히 움직이는 만큼 조개를 캘 수 있기 때문에, 썰물 때가 되면 갯마을 사람들은 깜깜한 밤이나 꼭두새벽이라도 갯벌에 나간다.

뜰채
낚시할 때 큰 물고기가 걸리면 뜰채로 건져 올린다. 대나무로 자루를 만들었다.

낙지 삽과 들통
낙지 구멍을 찾으면 삽으로 뻘을 떠낸 뒤 팔을 재빨리 집어넣어 낙지를 잡는다.

굴

조쇠
'조새'라고도 한다. 쇠날로 쪼아서 굴 껍데기를 까고, 갈고리로 속살을 긁어낸다.

창 칼 호미

호미와 창은 갯바위나 돌에 붙은 굴을 껍데기째 딸 때 쓴다. 칼로는 따 온 굴의 속살을 깐다.

소중한 텃밭, 갯벌

　우리나라 서해와 남해는 바닷물이 빠지면 바닷가에 넓고 평평한 땅이 드러난다. 바닷물이 들어오면 잠기고 빠져나가면 땅으로 드러나는 이 너른 들판이 바로 갯벌이다. 갯벌은 강에서 흘러내려 온 흙과 모래가 오랫동안 쌓이고 또 쌓여서 이루어졌다. 우리나라 갯벌은 온 세계에서 다섯 손가락 안에 꼽히는 갯벌로, 생긴 지 8천 년이나 된다.

　갯벌은 뭍에서 내려온 온갖 찌꺼기를 걸러 내면서 스스로를 깨끗하고 기름지게 만든다. 얼핏 보면 아무것도 살지 않을 것 같고 그저 거무튀튀하고 칙칙해 보이지만, 수많은 생물이 깃들어 사는 보금자리다. 갯벌에서 사는 게나 갯지렁이나 조개는 끊임없이 갯벌에 구멍을 내고 개흙을 뒤집어 갯벌에 신선한 공기가 드나들게 해 주고 갯벌이 썩지 않게 도와준다. 갯벌은 사람한테도 고마운 텃밭이다. 따로 씨를 뿌리고 가꾸지 않아도 먹을거리를 풍성하게 얻을 수 있다. 갯마을 사람들은 갯벌에서 1년 내내 먹을거리를 얻고 갯것을 팔아서 살림을 꾸려 나간다.

　갯벌의 모습은 여러 가지다. 물살이 느린 바닷가에는 찰흙같이 질고 고운 뻘이 발달했다. 허벅지까지 푹푹 빠지고 한번 빠지면 발을 빼기 힘든 곳도 있다. 물살이 빠른 바닷가에는 모래가 많이 섞인 갯벌이 발달했다. 경운기가 지나다닐 만큼 단단한 곳도 있다. 바닷가가 크고 작은 갯바위로 뒤덮인 곳이 있는가 하면, 산 가까이 있어서 자갈이 많이 깔린 갯벌도 있다.

주꾸미

주꾸미 잡을 때 쓰는 피뿔고둥 껍데기
피뿔고둥 껍데기를 줄에 꿰어 바다에 던져
놓으면 주꾸미가 제 집인 줄 알고
기어들어 간다.

백합을 담은 종태기 '그럭'

말백합

그랭이는 '그레' 라고도 한다. 그랭이를 잡고
뒷걸음질을 하면 톡 톡 소리를 내면서 그랭이
날에 백합이 걸린다.

그랭이로 백합을 캐는 아주머니

바닷가 동물과 식물

게와 새우 | 절지동물

몸이 마디로 되어 있는 동물을 '절지동물'이라고 한다. 뭍에 사는 절지동물로는 곤충이나 거미, 지네, 가재 따위가 있고, 바다에 사는 절지동물로는 게나 새우, 따개비 같은 것이 있다. 게나 새우는 몸이 단단한 껍데기로 싸여 있어서 '갑각류'라고도 한다. 이들은 몸이 자라도 껍데기는 안 자라기 때문에 몸이 자랄 때마다 껍데기를 바꾸어야 한다. 이것을 '탈피'라고 한다. 막 탈피를 했을 때는 껍데기가 말랑말랑하지만 곧 단단해진다. 게나 새우는 자라면서 여러 차례 껍데기를 바꾼다. 또 몸의 일부가 다치거나 떨어져 나가도 다시 생겨나기 때문에 위험을 느끼거나 적을 만나면 다리 하나를 스스로 끊고 달아나기도 한다.

게는 다리가 열 개인데 맨 앞쪽에 있는 한 쌍은 집게다리다. 집게다리로 먹이를 먹고, 굴을 파거나 집을 고치며 적과 싸우기도 한다. 갯벌에 사는 게는 긴 눈자루가 있어서 둘레를 살펴보기 좋다. 게는 보통 봄과 여름에 짝짓기를 하고 알을 낳는다. 대게나 홍게처럼 추운 1~3월에 알을 낳는 종도 있다. 암컷은 알을 배에 품고 있다가 새끼가 깨어나면 바닷물에 풀어놓는다.

새우는 바다 밑에서 헤엄치며 산다. 다리가 열 쌍이고 더듬이가 길며 몸을 마음대로 구부릴 수 있다. 따개비나 거북손도 절지동물 갑각류에 든다. 게나 새우와 달리 한곳에 꼭 붙어 산다. 꼼짝 않고 있다가 물이 들어오면 뚜껑을 열고 갈퀴 같은 발을 내밀어서 바닷물에 떠다니는 플랑크톤 따위를 잡아먹는다. 플랑크톤은 바닷물에 떠다니며 사는 작은 생물인데 너무 작아서 맨눈에는 안 보인다.

짝짓기하는 밤게

도둑게
게는 다리가 열 개인데, 맨 앞쪽에 있는 한 쌍이 집게다리다.

꽃게
꽃게는 맨 뒤쪽에 있는 다리 한 쌍이 노처럼 생겨서 헤엄을 잘 친다.

암컷 수컷

방게
게는 배를 보고 암수를 가려낼 수 있다. 암컷 배는 껍데기가 둥글넓적하고, 수컷 배는 좁고 뾰족하다.

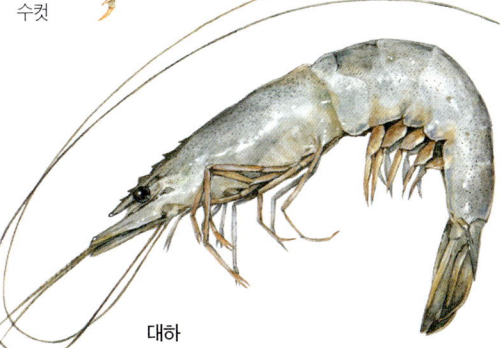

대하
새우는 다리가 열 쌍이고, 더듬이 한 쌍이 무척 길다.

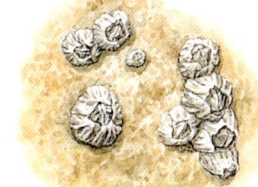

고랑따개비
따개비도 절지동물 갑각류에 든다.

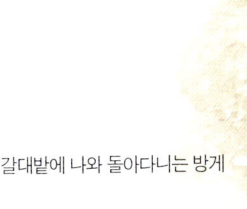

갈대밭에 나와 돌아다니는 방게

조개와 고둥과 문어 | 연체동물

몸에 뼈가 없이 살이 물렁물렁하고 연한 동물을 '연체동물'이라고 한다. 우리가 많이 먹는 조개와 고둥, 오징어와 문어, 바위에 꼭 붙어 있는 납작한 군부와 전복, 물컹거리는 군소 따위가 모두 연체동물이다.

조개

조개는 조가비가 두 장씩 있어서 '이매패류'라고 한다. 석회질로 된 단단한 조가비 안에 부드러운 속살이 들어 있다. 조가비 밖으로 내미는 크고 튼튼한 발이 도끼날처럼 생겼다고 '부족류'라고도 한다. 이 발로 갯바닥에서 옮겨 다니고 뻘 속으로 깊이 파고들기도 한다.

대부분의 조개는 갯바닥에서 산다. 움직임이 느린 편이라 한번 자리를 잡으면 멀리 움직이지 않는다. 그런데 큰가리비는 조가비를 여닫으면서 멀리 뛰어 헤엄치듯이 옮겨 다닐 수 있다. 굴이나 홍합은 여느 조개와 달리 바위나 돌에 꼭 붙어서 산다.

조개는 봄부터 가을까지 알을 낳는다. 알에서 깨어난 새끼는 보름쯤 바닷물에 떠다니다가 바지락처럼 갯바닥으로 내려가 자리를 잡고 살거나 굴처럼 단단한 것에 붙어서 살아간다. 조개의 먹이는 바닷물에 들어 있는 영양분이다. 조개 몸에는 바닷물을 빨아들이고 내보내는 '입수공'과 '출수공'이 있다. 물이 들어오면 조개는 꼭 다물었던 조가비를 살짝 열고 바닷물을 빨아들여 먹이를 먹고 숨도 쉰다.

바지락

가무락조개

조개는 조가비가 둘이다. 단단한 조가비가 안에 들어 있는 약하고 부드러운 몸을 지켜 준다.

비단가리비

홍합
몸에서 실처럼 생긴 '족사'를 내어 바위나
말뚝에 단단히 몸을 붙이고 산다.

새조개
조가비 밖으로 내민 발이 새 부리 같다고
'새조개'라는 이름이 붙었다.

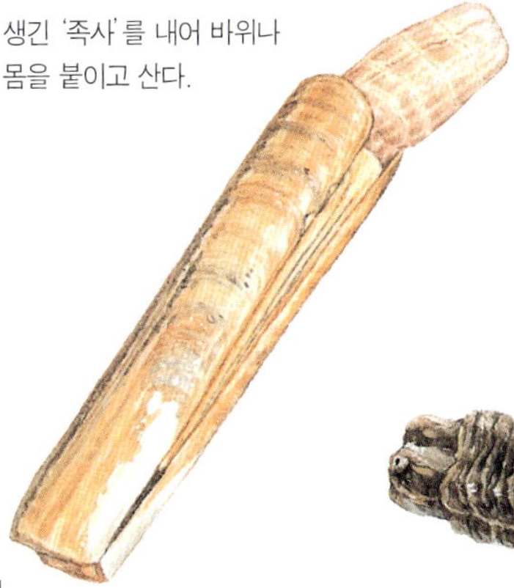

대맛조개
맛조개 종류는 조가비가 직사각형 모양이다.

왕우럭조개
크고 긴 발이 늘 조가비 밖으로 나와 있다.

굴
굴은 한쪽 조가비를 바위나 돌에 단단하게
붙이고 산다.

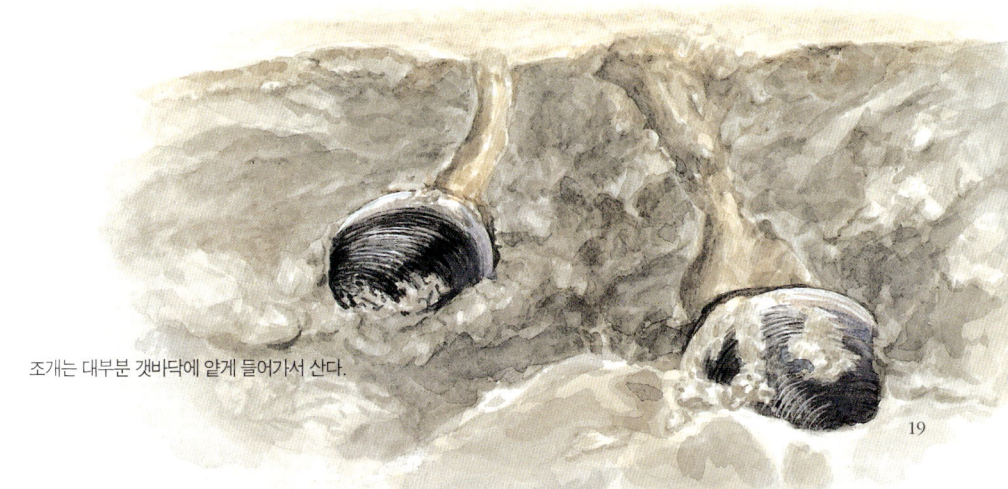

조개는 대부분 갯바닥에 얕게 들어가서 산다.

고둥

고둥은 조개와 달리 껍데기가 하나다. 구멍 밖으로 넓적하고 큼직한 발을 내밀어 기어 다니는데, 배에 발이 붙어 있다고 '복족류'라고도 한다. 기어 다닐 때 끈적끈적한 물질이 나와서 울퉁불퉁한 바위에서도 발을 다치지 않고 옮겨 다닐 수 있다. 위험을 느끼면 재빨리 발을 오므려 껍데기 속으로 집어넣고 구멍을 덮개로 막는다. 먹이로는 죽은 동물부터, 바닷말, 바위에 붙어 있는 영양분, 조개나 다른 고둥 따위를 먹고 산다. 피뿔고둥이나 큰구슬우렁이는 '치설'이라고도 하는 혀이빨로 살아 있는 조개나 고둥 껍데기에 구멍을 낸 뒤 속살을 녹여 먹는다.

문어와 군부

오징어나 문어는 조개나 고둥과 달리 단단한 껍데기가 없다. 머리처럼 보이는 것이 몸통이고, 몸통 아래쪽에 머리가 있다. 머리에 다리가 붙어 있다고 '두족류'라고 한다. 적이 다가오면 몸 색깔을 바꾸거나 시꺼먼 먹물을 뿜고 달아난다.

군부는 등 쪽이 딱딱한 판 여덟 개로 이루어져 있다. 그래서 '다판류'라고도 한다. 배 쪽 살은 부드럽고 연하다. 바닷가 바위나 돌에 딱 붙어서 산다.

댕가리 눈알고둥 테두리고둥

고둥은 껍데기가 하나다. 두껍고 단단한 껍데기 안에 연한 살이 들어 있다.

큰구슬우렁이

큰구슬우렁이나 피뿔고둥은 살아 있는 조개나 다른 고둥의 껍데기에 구멍을 내고 속살을 먹는다.

피뿔고둥

갑오징어

갑오징어나 문어는 머리와 다리가 붙어 있어서 '두족류'라고 한다. 갑오징어 다리는 열 개이고 문어 다리는 여덟 개다.

문어

군부
군부 배 쪽
등 쪽은 딱딱하지만 배 쪽에는 연한 살이 있다.

해파리와 말미잘 | 자포동물

해파리나 말미잘처럼 촉수에 독침을 갖고 있는 동물을 '자포동물'이라고 한다. 몸속이 항아리처럼 비어 있다고 '강장동물'이라고도 한다. 만지면 물컹거리고 부드럽다. 긴 수염같이 생긴 촉수로 냄새를 맡거나 침을 쏘아서 먹이를 잡는다. 해파리는 물에 떠다니며 살고, 말미잘은 한곳에 붙박이로 산다. 곤봉같이 생긴 바다선인장도 자포동물이다.

풀색꽃해변말미잘

노무라입깃해파리
해파리 촉수에 쏘이면 쏘인 데가 아프고 빨갛게 부어오른다.

개맛 | 완족동물, 개불 | 의충동물

개맛은 몸통이 조개처럼 조가비 두 장으로 덮여 있고, 발이 꼬리처럼 길게 달려 있다. '병부'라고도 하는 이 발을 써서 다른 것에 붙거나 진흙을 파고 들어간다. 이런 동물을 '완족동물'이라고 한다. 5억 년 전에 처음 생긴 뒤 생김새가 바뀌지 않고 지금껏 그대로여서 '살아 있는 화석'이라고 한다.

개불은 몸통이 원통형이고 소시지처럼 생겼다. 몸 앞쪽에 숟가락 같은 주둥이가 있다. 이런 동물을 '의충동물'이라고 한다. 지렁이 같은 환형동물에 가까운데 환형동물과 달리 몸에 마디가 없다. 큰 것은 몸길이가 50cm도 넘는다.

개맛

개불

갯지렁이 | 환형동물

갯지렁이처럼 몸이 마디로 되어 있고 몸통이 가늘고 긴 원통처럼 생긴 동물을 '환형동물'이라고 한다. 환형은 고리 모양이라는 뜻이다. 뭍에 사는 지렁이나 거머리도 환형동물이다. 갯지렁이는 털처럼 생긴 발이 셀 수 없이 많아서 '다모류'라고도 한다.

모래 갯벌에 사는 갯지렁이 중에는 긴 관을 만들어 갯벌에 박아 놓고 그 관 속에 살면서 갯벌 위로 들락날락하는 종들이 있다. 관은 몸에서 끈끈한 물질을 내어서 모래나 조개껍데기 조각이나 식물 조각 따위를 붙여서 만드는데, 무척 정교하며 안쪽은 매끈하다. 이 관을 통해 숨도 쉬고 바닷물을 빨아들여 먹이를 걸러 먹기도 한다. 뻘 갯벌에 사는 갯지렁이들은 관을 따로 만들지 않고 뻘 속에 굴을 파고 산다.

지렁이가 밭을 기름지게 하듯이, 갯지렁이는 갯벌 속을 헤집고 다니며 쉴 새 없이 구멍을 내어 갯벌이 썩지 않게 도와준다.

갯지렁이 관
갯벌 위로 조금만 솟아 있고 나머지는 갯벌 속으로 길게 이어져 있다.

두토막눈썹참갯지렁이
관을 따로 만들지 않고 뻘 속에 굴을 파고 산다.

불가사리와 성게와 해삼 | 극피동물

불가사리나 성게나 해삼처럼 몸에 가시나 혹 같은 것이 나 있는 동물을 '극피동물'이라고 한다. 극피동물은 대롱처럼 생긴 '관족'이라는 발을 써서 바닥을 기어 다닌다. 관족은 속이 비어 있고, 끝에 빨판이 붙어 있고, 자유롭게 늘어났다 줄었다 한다. 극피동물은 다시 살아나는 힘이 세서 몸의 일부가 떨어져 나가거나 상처를 입어도 다시 온전하게 자라난다.

불가사리는 보통 팔이 다섯 개다. 먹잇감을 발견하면 팔로 꼭 잡거나 누른 채 몸 한가운데에 있는 입으로 먹어 치운다. 입은 배 쪽에 있고 똥구멍은 등에 붙어 있다. 똥구멍은 입만큼 발달하지 않았다. 팔이 잘린 불가사리를 갯벌에서 이따금 볼 수 있는데, 팔은 곧 다시 생겨난다.

성게는 뾰족한 가시가 촘촘히 나 있어서 밤송이처럼 보인다. 가시 사이에서 실같이 생긴 관족이 나와서 천천히 옮겨 다닌다. 관족 끝에 있는 빨판이 붙는 힘이 세서, 비탈진 곳에서도 떨어지지 않고 잘 오르내린다. 입은 몸 아래쪽에 있고 똥구멍은 몸 위쪽에 있다.

해삼은 겉에 울룩불룩한 혹이 많이 나 있다. 살갗은 미끈미끈하고 몸속에는 잔뼈 조각이 들어 있다. 발 구실을 하는 관족이 거의 없기 때문에, 몸의 힘살을 꿈틀거리면서 천천히 기어 다닌다. 단단한 물체에 부딪히거나 눌리면 내장이 터져 나오는데, 죽지 않고 내장이 다시 생긴다.

검은띠불가사리
불가사리는 팔이 잘려도 또 자라난다.
잘 죽지 않는다고 이름도 '불가사리'다.

가시가 떨어지고 남은 분지성게 몸통

분지성게
바늘 같은 가시 때문에 밤송이 같다.

염통성게

아무르불가사리 배 쪽
셀 수 없이 많은 가시와 관족이 달려 있다.

아무르불가사리

별불가사리

가시닻해삼

돌기해삼
온몸에 뾰족하고 큼직한 돌기가 나 있다.

풀망둑과 짱뚱어 | 물고기

 바닷물이 빠져나간 서해나 남해 뻘 갯벌에는 말뚝망둥어나 짱뚱어 같은 물고기가 나와서 돌아다닌다. 물속에서는 헤엄쳐 다니지만, 물이 빠지고 뻘밭이 드러나면 튼튼한 가슴지느러미를 써서 갯바닥을 기어 다닌다.
 풀망둑은 물이 들어올 때 바닷가에서 낚시로 많이 잡는다. 밀물 때 바닷가로 왔다가 썰물 때 못 빠져나가고 물웅덩이에 갇힐 때도 있다. 남해 바닷가에서는 미꾸라지처럼 생긴 베도라치가 자갈밭에 나와 있는 것을 볼 수 있다.

짱뚱어
튼튼한 가슴지느러미로 갯바닥을 기어 다닌다.

풀망둑
바닷가에서 낚시로 많이 잡는다.

갈매기와 도요새 | 새

 꽹이갈매기는 텃새라서 바닷가에 가면 늘 볼 수 있다. 텃새는 철에 따라 옮겨 다니지 않고 한곳에 눌러사는 새를 뜻한다. 텃새와 달리 철새는 철 따라 살기 좋은 곳으로 옮겨 다니는 새다. 여름 철새는 봄에 우리나라에 와서 새끼를 치고 여름을 난 뒤 가을에 남쪽으로 날아간다. 겨울 철새는 가을에 우리나라로 날아와 겨울을 나고 봄에 북쪽으로 돌아간다.

 우리나라 강 하구나 갯벌에는 시베리아나 오스트레일리아같이 아주 먼 데서도 철새가 많이 날아든다. 먹을 것이 많고 쉬기에도 좋기 때문이다. 전라북도 새만금 갯벌, 충청남도 천수만, 전라남도 순천만 갯벌, 낙동강 하구 같은 곳은 해마다 철새가 무리 지어 날아드는 이름난 곳들이다.

민물도요
가을에 무리 지어 물가로 날아오는 겨울 철새다.

꽹이갈매기
바닷가에 가면 늘 볼 수 있다. 울음소리가 고양이 같다고 이런 이름이 붙었다.

파래와 미역 | 바닷말

바닷말은 바다에서 나는 식물을 이른다. 바닷말 중에서 먹을 수 있는 것은 '바다나물'이라고도 한다. 바닷말은 차가운 물을 좋아해서 쌀쌀한 늦가을에 나기 시작해 추운 겨울과 이른 봄까지 한창 자란다.

바닷말은 사는 곳에 따라 색깔이 다르다. 갯바위부터 수심 1m쯤 되는 얕은 바다에 사는 바닷말은 햇빛이 잘 들기 때문에 몸에 지닌 푸른 엽록소만으로 영양분을 만들 수 있다. 색깔이 푸르다고 '녹조류'라고 한다. 갯바위에 흔하게 돋는 파래나 얕은 물에 사는 청각이 녹조류에 든다.

파래보다 좀 더 깊은 바다에 사는 미역이나 다시마는 햇빛이 덜 들기 때문에 엽록소말고도 갈색 색소를 지녀야 영양분을 만들어 낸다. 색깔이 갈색이어서 '갈조류'라고 한다. 갈조류 가운데 사람 키를 훌쩍 넘어 몇 미터까지 자라는 모자반은 바닷속에서 우거져 숲을 이루기도 한다.

햇빛이 거의 들지 않는 깊은 바다에 사는 바닷말은 붉은빛을 내는 색소를 몸에 지닌다. 색깔이 붉다고 '홍조류'라고 한다. 그런데 홍조류는 사는 범위가 넓어서 바닷가 얕은 데서부터 깊은 바닷속까지 널리 퍼져서 산다. 우리 밥상에 자주 올라오는 김이나 묵을 만들어 먹는 우뭇가사리가 홍조류다.

바닷말로 뒤덮인 갯바위

파래
갯바위에 흔하게 난다. 파래처럼 푸른빛이 도는 바닷말을 '녹조류'라고 한다.

미역
미역이나 다시마 같은 갈색 바닷말을 '갈조류'라고 한다. 녹조류보다 조금 깊은 바다에서 산다.

우뭇가사리
우뭇가사리처럼 붉은빛이 도는 바닷말은 '홍조류'라고 한다.

칠면초와 해당화 | 바닷가 식물

바닷가에서도 풀과 나무가 자란다. 강과 바다가 만나는 강 하구에는 갈대가 많다. 갈대는 민물과 바닷물이 섞이는 곳에서 크게 무리를 지어 자란다. 갈대가 우거진 곳은 철새들이 쉬어 가기에도 좋다. 전라남도 순천만이나 부산 을숙도 같은 곳에서는 끝없이 펼쳐진 갈대밭을 볼 수 있다.

소금기가 많은 바닷가 땅에서 자라는 식물을 '염생 식물'이라고 한다. 나문재나 칠면초, 퉁퉁마디처럼 바닷물이 들고 나는 곳에서 사는 식물로 보통 무리를 짓고 자란다. 어린순은 뜯어서 나물로 먹기도 한다.

바닷가 모래 언덕에서는 모래밭에서만 자라는 '사구 식물'을 볼 수 있다. '사구'는 모래 언덕이라는 뜻이다. 충청남도 태안 신두리 바닷가에는 아주 오랜 시간에 걸쳐 이루어진 모래 언덕이 있는데, 이런 곳에는 어김없이 사구 식물들이 무리를 짓고 산다. 열매가 보리같이 생긴 통보리사초, 바닷가 센 바람에도 끄떡없는 갯방풍, 메꽃과 비슷한 갯메꽃, 큼직한 자줏빛 꽃을 피우는 해당화 같은 것이 있다. 사구 식물은 모래 언덕이 무너지지 말라고 일부러 심기도 한다.

퉁퉁마디
짠맛이 나서 소금 대신 쓰기도 했다.

통보리사초
열매가 보리처럼 생겼다.

칠면초
무리 지어 붉게 물들어 거무튀튀한 갯벌을
화사하게 바꾸어 놓기도 한다.

해당화
바닷가 모래밭에서 무리 지어 자란다.

그림으로 찾아보기

집게 42 밤게 43 그물무늬금게 44 털게 45

꽃게 46 민꽃게 48 꽃부채게 50

무딘이빨게 51 펄털콩게 52 펄콩게 52 흰발농게 53

농게 54 엽낭게 56 달랑게 58 세스랑게 59

길게 60 칠게 61 무늬발게 62 풀게 63

조개

고둥과 문어

전복 116 둥근배무래기 118 테두리고둥 119 개울타리고둥 120

보말고둥 121 황해비단고둥 122 소라 123 눈알고둥 124

갈고둥 126 총알고둥 127 갯고둥 128 갯비틀이고둥 128

댕가리 128 비틀이고둥 128 큰구슬우렁이 130

갯우렁이 132 피뿔고둥 133 대수리 134 어깨뿔고둥 136

바닷가 작은 동물

바닷말과 바닷가 식물

파래 198
가시파래 199
매생이 200
청각 201
고리매 202
다시마 203
미역 204
톳 205
모자반 206
지충이 207
김 208
우뭇가사리 209
불등풀가사리 210
참도박 211
꼬시래기 212

집게 게골뱅이(북), 소라게, 게고둥, 거들레기

긴발가락참집게 *Pagurus dubius*
2001년 4월, 전북 부안 대항리

　집게는 바닷가 물웅덩이에서 쉽게 볼 수 있다. 고둥 껍데기를 집으로 삼고 산다고 이름도 '집게'다. 다른 게와 달리 배와 꼬리가 말랑말랑하고 약해서 단단한 고둥 껍데기 속에 들어가서 산다. 고둥을 줍다 보면 고둥 껍데기를 뒤집어쓰고 달아나는 집게도 보게 된다.

　집게는 위험을 느끼면 잽싸게 고둥 껍데기 속으로 숨는다. 꼬리가 갈고리처럼 생겨서 집게가 일단 고둥 속에 들어가면 빼내기가 쉽지 않다. 집게발 한 쌍은 먹이를 먹거나 적과 싸울 때 쓰고, 고둥 껍데기 속에 숨었을 때는 커다란 집게발로 구멍을 막는다. 한쪽 집게발이 다른 한쪽보다 세 배쯤 크다. 걸을 때는 가슴에 있는 긴 다리 두 쌍을 쓴다. 몸이 자라면 더 큰 껍데기를 찾아 이사를 간다. 제주도에서는 집게가 남의 집에 들어가 산다고 '거들레기'라고 한다. 북녘에서는 '게골뱅이'라고 한다.

고둥 껍데기에서 빠져나온 집게

절지동물 갑각류 집게과
먹이 죽은 게나 조개나 물고기, 바닷말
사는 곳 바닷가 물웅덩이
특징 고둥 껍데기 속에 들어가서 산다.

밤게 바다깅이 *Philyra pisum*

2001년 4월, 인천 영종도

　밤게는 모래가 많이 섞인 서해와 남해 갯벌에서 산다. 칠게나 농게와 달리 구멍을 파지 않는다. 갯벌에 흔하며 암수가 비슷하게 생겼다. 몸통은 거무스름한 풀색이거나 밤색이다. 밤톨처럼 볼록하니 동그스름해서 '밤게'라는 이름이 붙었다. 집게발이 억세게 생겼는데 잘 물지 않는다. 눈이 아주 작다.

　밤게는 다른 게처럼 옆으로 걷지 않고 앞으로 걷는다. 움직임이 느려서 살아 있는 동물은 못 잡아먹고 죽은 생물을 먹고 산다. 왕좁쌀무늬고둥처럼 갯벌 청소부 구실을 한다. 건드리면 도망가지 않고 죽은 척한다. 암컷과 수컷이 짝을 지어 같이 다니고 갯벌에서 짝짓기하는 것을 쉽게 볼 수 있다. 모래 속으로 들어갈 때 몸 뒷부분부터 파고든다.

짝짓기하는 밤게

절지동물 갑각류 밤게과
등딱지 2.5×2.2cm
먹이 죽은 게나 조개나 물고기, 개흙
사는 곳 서해·남해 갯벌
특징 옆으로 기지 않고 앞으로 걷는다.

그물무늬금게 방기, 빠각게, 식깅이 *Matuta planipes*

2000년 10월, 전북 변산 성천 마을

그물무늬금게는 맑고 얕은 바닷속 모랫바닥에서 산다. 등딱지에 나 있는 그물 무늬 때문에 이런 이름이 붙었다. 빛깔이며 생김새가 예쁘장해서 눈에 잘 띈다. 등딱지 양옆에는 날카로운 가시가 하나씩 있다.

그물무늬금게는 기어 다니지 않고 모래 속으로 파고드는 것을 좋아한다. 밤게처럼 몸의 뒷부분부터 모래를 파고 들어간다. 움직임이 느린 편이다. 그물무늬금게 집게발에 손가락을 물리면 몹시 아프다. 건드리면 빠각빠각 소리를 낸다고 '빠각게'라고도 한다. 갯마을에서는 싱싱할 때 알맞게 잘라서 갖은양념에 무쳐 날로 먹는다. 게장도 담가 먹는다.

절지동물 갑각류 금게과
등딱지 3.5×3.2cm
사는 곳 서해·남해 갯벌
특징 모래 속으로 잘 파고든다.

털게 몰게, 웅게, 쏨벙게, 씸벙게 *Erimacrus isenbeckii*

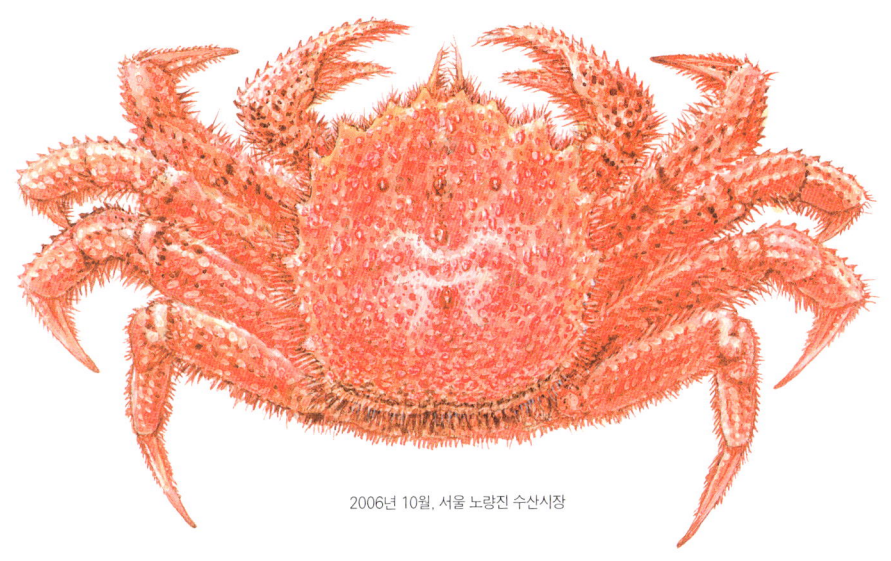

2006년 10월, 서울 노량진 수산시장

    털게는 동해 찬 바다에서 산다. 본디 깊고 찬 바다에서 사는 종인데 남해에서도 난다. 흔하지 않다. 온몸에 털이 많이 나서 이름이 '털게'다. 껍데기가 무른 편이다. 등딱지는 옅은 분홍색이고 부드럽고 짧은 밤색 털이 촘촘히 나 있다. 경남 통영에서는 모자반과 비슷하게 생긴 '몰' 속에서 많이 산다고 '몰게'라고 한다. 전남 여수에서는 '쏨벙게'라고 한다. 공처럼 웅크리고 있는 모양을 보고 '웅게'라고도 한다. 여름에는 깊은 바다에 내려가 살다가 겨울에 얕은 바다로 나와서 짝짓기를 한다. 암컷은 알을 낳으면 열 달 동안 배에 붙이고 다닌다. 털게는 겨울과 봄에 많이 잡는다. 쪄 먹거나 게장을 담가 먹는다.

절지동물 갑각류 털게과
등딱지 10×10.4cm
먹이 작은 물고기, 조개, 새우, 바닷말
사는 곳 동해·남해 바닷속
잡는 때 늦가을~이른 봄
특징 온몸에 털이 많이 나 있다.

꽃게 꽃기, 기, 끼, 거이, 뻘떡게, 놀껑이 *Portunus trituberculatus*

2001년 9월, 전북 부안 모항 해수욕장

꽃게는 수심 20~30m쯤 되는 서해 바닷속에서 산다. 갯벌에서는 보기 어렵다. 기어 다니기보다 헤엄치는 것을 좋아한다. 맨 뒤쪽 다리 한 쌍이 노처럼 납작하고 넓어서 헤엄치기 좋다. 몸통은 마름모꼴이고 양옆에 크고 날카로운 가시가 하나씩 있다. 등딱지는 갑옷같이 딱딱하고 푸른빛을 띤다. 집게발 한 쌍이 무척 크고 억세다. 건드리면 집게발을 쳐들고 벌떡 일어난다고 '뻘떡게'라고도 한다. 성질이 사나워서 만질 때 물리지 않게 조심해야 한다.

낮에는 갯바닥에 숨어 있다가 밤에 헤엄쳐 나와서 갯지렁이나 조개나 새우 따위를 닥치는 대로 잡아먹는다. 여름에 알을 낳고, 늦가을에 물 온도가 10도 아래로 내려가면 서해 남쪽으로 내려가서 겨울잠을 잔다.

꽃게는 봄과 가을에 배를 타고 나가서 그물이나 통발로 잡는다. 밀물 때 꽃게가 헤엄쳐 들어오다가 바닷가에 쳐 둔 고기 그물에 걸리기도 한다. 꽃게는 맛이 좋아서 아주 많이 먹는다. 쪄 먹거나 국을 끓여 먹고 게장도 담가 먹는다.

절지동물 갑각류 꽃게과
등딱지 17.5×8.5cm
먹이 갯지렁이, 조개, 새우, 게, 물고기
사는 곳 서해·남해 바닷속
잡는 때 봄, 가을
특징 사람들이 즐겨 먹는다.

민꽃게 박하지, 방카지, 독게, 돌게 *Charybdis japonica*

2000년 10월, 전북 부안 모항 병풍바위

민꽃게는 얕은 바다에서 산다. 물이 들이치는 갯바위에 통발을 놓으면 곧잘 걸려든다. 썰물 때 돌 밑이나 바위틈에서도 쉽게 볼 수 있다. 꽃게와 비슷하게 생겼는데 꽃게보다 작다. 꽃게처럼 맨 뒤쪽 다리 한 쌍이 헤엄치기 좋게 노처럼 생겼다. 등딱지는 딱딱하고 매끈하며 윤이 난다. 밤색 바탕에 얼룩덜룩한 무늬가 나 있다. 이마에는 뭉툭한 가시 같은 혹이 여섯 개쯤 있는데 가운데 두 개가 좀 더 튀어나와 있다. 집게발 두 개가 억세고 튼튼해서 만질 때 물리지 않도록 조심해야 한다.

서해 갯마을에서는 민꽃게를 '박하지'나 '방카지'라고 한다. 성질이 사납고 재빠르게 움직인다. 가까이 다가가면 집게발을 버쩍 쳐들고 싸울 듯한 자세를 잡는다. 등딱지가 누르스름한 것이 더 잘 덤벼드는데, 갯마을에서는 성질이 사나운 사람을 보고 '노랑 방카지 같다'고 한다. 바위틈에 숨어 있다가 지나가는 고둥이나 조개를 힘센 집게발로 부수고 잡아먹는다. 여름에 알을 낳는다.

민꽃게로는 게장을 많이 담가 먹는다. 알을 따로 모아 젓갈도 담그고, 싱싱한 것은 알맞게 잘라서 갖은양념에 무쳐 바로 먹는다.

절지동물 갑각류 꽃게과
등딱지 9×6cm
사는 곳 갯바위, 얕은 바다
잡는 때 가을~봄
특징 성질이 사납다.

꽃부채게 돌깅이, 돌꽉깅이 *Macromedaeus distinguendus*

2000년 10월, 전북 변산 성천 마을

꽃부채게는 얕은 바다 갯바위나 자갈 바닥에서 산다. 몸통이 부채처럼 생겼고 등딱지가 울퉁불퉁하다. 큰 것은 등딱지 길이가 4cm쯤 된다. 두 집게발이 꽤 크고 억세게 생겼다. 색깔이 바위나 돌과 비슷해서 눈에 잘 띄지 않는다. 이렇게 동물이 자기를 지키려고 주위와 비슷한 색을 띠는 것을 '보호색'이라고 한다.

꽃부채게는 건드리면 대들거나 도망가지 않고 다리를 움츠린 채 가만히 있는다. 여름에 알을 낳는다. 제주도에서는 갯바위에 많이 있다고 '돌깅이'라고 한다. 꽃부채게는 안 먹는다.

절지동물 갑각류 부채게과
등딱지 2.4×1.6cm
사는 곳 갯바위, 자갈밭
특징 몸빛이 바위나 자갈과 비슷하다.

무딘이빨게 *Eucrate crenata*

2000년 9월, 전북 부안 모항 마을 앞장불

무딘이빨게는 수심 20~100m 되는 서해와 남해 바닷속에서 산다. 등딱지가 볼록하고 매끈하며 윤이 난다. 누렇거나 붉은 바탕에 짙은 색 점무늬들이 촘촘하게 널려 있다. 등딱지 위쪽에는 크고 짙은 점 두 개가 또렷하게 나 있다.

한여름에 물이 빠진 갯벌 한가운데에 한 마리씩 나와 있다. 갯벌에 나와 있을 때는 움직임이 둔하고, 건드리면 달아나지 않고 죽은 척한다. 갯마을에서는 무딘이빨게를 튀겨 먹기도 한다.

절지동물 갑각류 바위게과
등딱지 3.8×2.9cm
먹이 개흙 속 영양분
사는 곳 서해·남해 바닷속
특징 등딱지에 큰 점 두 개가 나 있다.

펄털콩게 펄깅이, 콩게 *Ilyoplax pingi*

2001년 5월, 경기 화성 제부도

펄털콩게는 뭍이 가까운 진흙 갯바닥에 구멍을 파고 산다. 엽낭게나 달랑게와 닮았다. 펄털콩게는 등딱지 너비가 1cm 남짓으로 작다. 크기가 콩알만 하다고 '콩게'라고도 한다. 두 집게다리 크기가 같고 등딱지에는 아주 짧은 털이 나 있다. 물이 빠지면 구멍 밖으로 나와서 뻘을 먹는다. 갯바닥 위에 굴뚝같이 생긴 구멍을 만들기도 한다. 굴을 고치면서 파낸 흙을 굴 밖으로 내놓는다.

펄콩게 *I. deschampsi*
펄털콩게보다 작다.

절지동물 갑각류 달랑게과
등딱지 1.1×0.8cm
먹이 뻘 속 영양분
사는 곳 뭍이 가까운 갯가 진흙 바닥
특징 콩알만 하다고 '콩게'라고 한다.

흰발농게 *Uca lactea lactea*

알을 밴 암컷

2001년 4월, 전북 부안 모항 마을 뒷장불

수컷

    흰발농게는 모래가 많이 섞인 뻘 갯벌에 구멍을 파고 산다. 수컷 한쪽 집게다리가 희다고 '흰발농게'라고 한다. 몸에 견주어 흰 집게다리가 무척 크다. 짝짓기 철에 수컷은 암컷의 눈에 띄려고, 크고 허연 집게다리를 들고 앞뒤로 흔들어 댄다. 암컷은 양쪽 집게다리가 작고 크기도 같다. 등딱지는 잿빛 바탕에 검푸른 무늬가 있다.

    흰발농게는 농게보다 작다. 농게와 이웃해서 살기도 하는데, 같이 살지는 않고 흰발농게는 흰발농게끼리 농게는 농게끼리 영역을 나누어서 산다. 물이 빠지면 모두 구멍 밖으로 나와 부지런히 뻘을 먹는다. 위험을 느끼면 눈 깜짝할 사이에 구멍 속으로 들어간다.

절지동물 갑각류 달랑게과
등딱지 2×1.3cm
먹이 뻘 속 영양분
사는 곳 서해·남해 모래가 섞인 뻘 갯벌
특징 수컷 한쪽 집게다리가 크고 하얗다.

농게 농발게, 붉은농발게 *Uca arcuata*

암컷

2000년 9월, 전북 부안 모항 마을 뒷장불

수컷

농게는 뭍이 가까운 뻘 갯벌에서 구멍을 파고 산다. 나문재 같은 염생 식물이 자라는 곳에서도 볼 수 있다. 소금기가 많은 땅에서 사는 식물을 염생 식물이라고 한다. 농게는 물이 빠지면 구멍 밖으로 나와서 갯고랑 언저리 같은 곳에 무리지어 모여 있다. 등딱지가 검푸르고 윤이 난다. 수컷의 한쪽 집게발이 붉어서 '붉은농발게'라고도 한다. 집게발은 왼쪽이 클 때도 있고 오른쪽이 클 때도 있다. 집게발이 워낙 크고 뻘개서 멀리서도 눈에 잘 띈다. 큰 집게발을 쳐들고 먼 산을 바라보는 것처럼 있을 때도 있다. 암컷은 두 집게발이 다 작지만, 부지런히 뻘을 집어 먹고 구멍을 고치기에는 작은 집게발이 더 좋다.

농게는 갯벌에 굴뚝처럼 생긴 집을 짓는다. 사람이 다가간다 싶으면 멀리서도 알고 집으로 잽싸게 들어간다. 한여름에는 몸을 말리려고 구멍 밖으로 나와 볕을 쬐기도 하는데 소금기가 말라붙어서 등딱지가 허옇게 보인다. 물이 들어오면 집게발로 뻘을 떠서 구멍을 막는다. 날이 추워지면 구멍 안으로 깊이 들어가 겨울을 난다.

농게는 게장을 담가 먹는다. 갯마을에서는 양념을 넣고 껍데기째 갈아서 밥에 비벼 먹기도 한다.

농게 구멍

절지동물 갑각류 달랑게과
등딱지 3.2×2cm
먹이 뻘 속 영양분
사는 곳 서해·남해 뭍 가까운 뻘 갯벌
특징 수컷 한쪽 집게다리가 크고 붉다.

엽낭게 콩게 *Scopimera globosa*

2000년 10월, 전북 부안 모항 마을 옥기장불

엽낭게는 바닷가 모래밭에 10~20cm 깊이로 굴을 곧게 파고 산다. 등딱지는 앞쪽이 좁은 사다리꼴 모양인데, 커 봐야 1cm이다. 몸 빛깔이 모래와 비슷하고 크기도 작아서 눈에 잘 띄지 않는다.

물이 빠지면 갯벌에서 가장 먼저 움직이는 것이 엽낭게다. 굴을 고치기도 하고 구멍 밖으로 나와서 열심히 모래를 먹는다. 두 집게발을 바꿔 가며 모래를 떠서 입에 넣고는 먹이만 골라 먹고 나머지는 경단처럼 동그랗게 뭉쳐서 뱉어 낸다. 바닷가 모래밭에 가면 엽낭게가 뱉어 놓은 작고 동글동글한 모래 뭉치들을 쉽게 볼 수 있다.

엽낭게는 조그만 기척에도 모두가 잽싸게 구멍으로 들어간다. 가만히 앉아 기다리면 다시 구멍 밖으로 머리를 내밀고 나온다. 그러다 다시 조그만 움직임이라도 느끼면 얼른 구멍 속으로 몸을 숨기는데, 이때 모래밭 전체가 꿈틀, 하는 것처럼 보이기도 한다.

엽낭게들이 먹이만 골라 먹고 뱉어 낸
모래 뭉치들

절지동물 갑각류 달랑게과
등딱지 1.1×0.8cm
먹이 모래 속 영양분
사는 곳 바닷가 모래밭
특징 자잘한 모래 뭉치들을 뱉어 놓는다.

달랑게
유령게, 옹알기, 옹알이 *Ocypode stimpsoni*

2000년 10월, 전북 부안 모항 마을 옥기장불

달랑게는 물이 가까운 깨끗한 모래밭에서 산다. 구멍을 50cm쯤으로 깊이 파고 들어간다. 등딱지는 네모꼴이고 눈이 크고 눈자루가 길다. 집게다리는 왼쪽이나 오른쪽 가운데 어느 한쪽이 크다. 마른 모래밭에서는 바람에 가랑잎이 날려가듯 무척 빨리 달린다. 낮에는 구멍 속에 있다가 밤에 나와서 많이 돌아다니는데, 캄캄할 때 돌아다닌다고 '유령게'라고도 한다.

달랑게는 엽낭게보다 조금 크다. 크기가 작고 빛깔이 모래와 비슷해서 눈에 잘 띄지 않는다. 햇빛을 쬐면 거무스름해지기도 한다. 작은 집게발로 모래를 떠서 먹이만 골라 먹고 나머지는 동그란 뭉치를 만들어 뱉어 낸다. 집을 고치느라 구멍 밖으로 모래를 어지럽게 흩뿌려 놓기도 한다. 이상한 낌새를 느끼면 구멍 속으로 얼른 들어가 눈자루만 밖으로 높이 세워 둘러보며 밖을 살핀다. 물 빠진 바닷가 모래밭에는 달랑게와 엽낭게가 뱉어 놓은 모래 뭉치가 널려 있다.

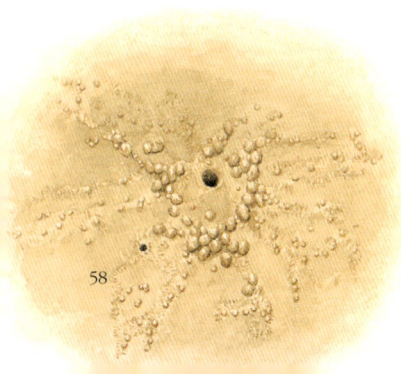

달랑게 구멍과 모래 뭉치

절지동물 갑각류 달랑게과
등딱지 2.2×1.9cm
먹이 모래 속 영양분
사는 곳 바닷가 모래밭
특징 달랑달랑 옆으로 잘 긴다.

세스랑게 *Cleistostoma dilatatum*

2000년 9월, 전북 부안 바람모퉁이

　세스랑게는 뭍에서 가까운 바닷가 진흙 바닥에 구멍을 파고 산다. 물기가 있고 칠면초 같은 염생 식물이 자라는 곳에 많다. 등딱지 길이가 2cm쯤으로, 크기가 작고 몸통은 볼록한 네모꼴이다. 바탕색은 갈색인데 잔털이 많이 나 있어서 잘 안 보인다. 두 집게다리는 크기가 같고, 수컷 집게다리가 암컷 집게다리보다 훨씬 크다. 다리 끄트머리는 불그스름하다.

　세스랑게는 물이 빠지면 구멍 밖으로 나와서 개흙을 먹는다. 가끔 집게다리를 높이 들었다 내렸다 한다. 잡으려고 손을 대면 죽은 척하며 움직이지 않는다.

절지동물 갑각류 달랑게과
등딱지 2.2×1.4cm
먹이 뻘 속 영양분
사는 곳 서해·남해 바닷가 진흙 바닥
특징 건드리면 죽은 척한다.

길게

길거이, 능쟁이 *Macrophthalmus dilatatus*

암컷
수컷
2000년 10월, 전북 변산 성천 마을

길게는 모래가 많이 섞인 진흙 갯벌에서 무리 지어 산다. 칠게와 비슷하게 생겼는데, 등딱지가 유난히 가로로 길어서 '길게'라는 이름이 붙었다. 몸통이 납작하고 몸 빛깔은 붉은빛이 도는 갈색이다. 눈자루가 가늘고 길다. 몸통 가장자리와 다리에 털이 많고, 집게발에 오톨도톨한 돌기가 촘촘하게 나 있다. 두 집게발 크기가 같은데, 수컷 집게발이 암컷 집게발보다 훨씬 크다.

절지동물 갑각류 달랑게과
등딱지 3.7×1.7cm
먹이 모래나 뻘 속 영양분
사는 곳 서해·남해 모래가 섞인 갯바닥
특징 등딱지가 가로로 길쭉하다.

칠게

찔기미, 찔럭기, 찍게, 서렁게, 화랑게, 능쟁이 *Macrophthalmus japonicus*

암컷

수컷

2000년 10월. 전북 부안 모항 마을 앞장불

    칠게는 물기가 촉촉한 뻘 갯벌에 구멍을 파고 산다. 갯벌에서 가장 흔하게 볼 수 있는 게로 크게 무리를 짓고 산다. 몸통은 네모꼴이고 납작하며 털이 나 있다. 눈자루가 가늘고 길다. 집게발은 옅은 파란색이거나 분홍색인데, 수컷 집게발이 암컷 집게발보다 훨씬 크다. 물이 빠지면 구멍 밖으로 나와 집게발을 올렸다 내렸다 하면서 뻘을 먹는다. 눈자루가 길고 눈치가 빨라서 여차하면 구멍 속으로 잽싸게 들어간다. 긴 눈자루만 잠망경처럼 물 밖으로 내놓고 둘레를 살핀다. 쉴 새없이 먹고 또 먹고 영역 싸움도 한다. 햇빛에 등짝이 허옇게 말라붙기도 한다.

    칠게는 게장을 많이 담가 먹는다. 양념을 넣고 껍데기째 갈아서 밥에 비벼 먹기도 하고 튀겨 먹기도 한다.

절지동물 갑각류 달랑게과
등딱지 3.5×2.3cm
먹이 뻘 속 영양분
사는 곳 서해·남해 촉촉한 뻘 갯벌
특징 갯벌에 아주 많다.

무늬발게
지름게, 지름갱이, 똘장게 *Hemigrapsus sanguineus*

2000년 9월, 전북 변산 노루목

무늬발게는 물이 맑은 바닷가 갯바위나 자갈밭에서 산다. 돌을 들추면 많이 있다. 등딱지는 누런색 바탕에 짙은 색 점이 얼룩처럼 흩어져 있다. 등딱지가 매끈하다. 위험을 느끼면 재빨리 바위틈으로 숨는다. 물웅덩이에서 얼쩡거리다 말미잘한테 잡아먹히기도 한다. 갯마을에서는 기름 냄새가 난다고 '지름게'라고 한다. 게장을 담가 먹거나 튀겨 먹는다.

암컷 배 쪽
노랗게 알처럼 붙어 있는 것은 알이 아니고, 기생성 따개비들이 들어가 사는 주머니다.
매끈매끈하다.
2000년 10월, 전북 변산 성천 마을

절지동물 갑각류 바위게과
등딱지 3.2×2.8cm
먹이 바닷물 속 영양분, 작은 동물
사는 곳 갯바위 돌 밑이나 자갈밭
특징 기름 냄새가 난다고 '지름게'다.

풀게
똘장게, 납작게 *Hemigrapsus penicillatus*

2001년 4월, 전북 부안 대항리

2000년 9월, 전북 부안 모항 마을 당꼬탱이

풀게는 바닷가 바위나 자갈밭에서 가장 흔하게 볼 수 있는 게다. 크기가 작고 몸통은 납작하다. 등딱지는 뒤쪽이 좁은 네모꼴이고 울퉁불퉁하다. 사는 곳에 따라서 빛깔이나 무늬가 조금씩 다르게 나타난다. 자갈밭에서는 자갈색을 띠고 조개더미에서는 조개껍데기 색을 띤다. 등딱지 색이 허연 것도 있다. 수컷 집게다리는 크고 억세게 생겼고, 암컷 집게다리는 작다. 위험을 느끼면 바위나 돌 틈으로 달아난다.

서해 갯마을에서는 풀게처럼 바위에 사는 자잘한 게를 두루 '똘장게'라고 한다. 소금을 뿌려 노린내를 빼낸 뒤 게장을 담가 먹는다.

절지동물 갑각류 바위게과
등딱지 2.5×2cm
먹이 바닷물 속 영양분, 작은 동물
사는 곳 갯바위 돌 틈, 자갈밭
특징 바닷가 바위나 자갈밭에 흔하다.

방게 참긍이, 방기 *Helice tridens tridens*

2000년 10월, 전북 부안 모항 아홉구미 갈대밭

암컷   수컷

암컷은 알을 품기 때문에 배딱지가 넓고 둥글다.
수컷 배는 배딱지가 좁고 뾰족하다.

방게는 민물과 바닷물이 만나는 강어귀 뻘 바닥에 비스듬히 구멍을 파고 산다. 갈대밭에서도 많이 볼 수 있다. 등딱지는 네모꼴로, 넓고 깊은 홈이 파여서 울퉁불퉁하다. 두 집게발이 크고 튼튼해서 굴도 잘 판다. 굴을 팔 때 나온 흙을 구멍 둘레에 높게 쌓아 놓기도 한다.

방게는 작지만 다부지게 생겼다. '열 발 성한 방게 같다'는 말이 있는데 어린 애들이 기운이 좋고 씩씩해서 잠시도 가만히 있지 않고 돌아다니는 것을 뜻한다. 방게는 여름에 알을 낳는다. 뻘 속 영양분을 먹고 풀도 갉아 먹고 작은 동물이나 썩은 동물을 파먹기도 한다.

방게는 맛이 좋아서 게장을 많이 담가 먹는다. 봄에 시장에도 나온다.

절지동물 갑각류 바위게과
등딱지 3.2×2.7cm
먹이 뻘 속 영양분, 풀, 썩은 동물
사는 곳 뻘 갯벌, 강어귀 갈대밭
특징 바닷가 갈대밭에 많이 산다.

갈대밭에서 어슬렁거리는 방게

갈게 *Helice tridens tientsinensis*

2000년 9월, 전북 부안 모항 마을 뒷장불

갈게는 바닷가 조금 단단한 진흙 바닥에 굴을 파고 산다. 갈대밭에 많이 산다고 '갈게'라는 이름이 붙었다. 방게와 쌍둥이처럼 닮았다. 두 집게발이 무척 크고 튼튼해 보인다. 방게보다 더 뭍에 가깝게 살고 간척지나 염전에서도 볼 수 있다. 집게발을 부지런히 움직여 뻘을 번갈아 입에 가져가는데 동작이 아주 빠르다. 먹이를 먹을 때 두 눈을 높이 세우고 살피다가 위험을 느끼면 저마다 제 구멍을 찾아 숨는다. 구멍을 1m까지 깊게 파기도 한다. 갈게는 방게처럼 게장을 담가 먹거나 튀겨 먹는다.

절지동물 갑각류 바위게과
등딱지 3×2.5cm
먹이 뻘 속 영양분, 풀, 썩은 동물
사는 곳 뭍 가까운 갯가, 갈대밭, 염전
특징 방게와 비슷하게 생겼다.

도둑게
뱀게, 비얌게, 심방깅이, 호박깅이 *Sesarma haematocheir*

2000년 8월, 전북 부안 모항 마을 병풍바위

　도둑게는 바닷가 가까이에 있는 냇가나 논밭이나 산기슭에 굴을 파고 산다. 부엌까지 들어와서 음식을 훔쳐 먹기도 한다고 '도둑게'라는 이름이 붙었다. 뱀처럼 굴을 파고 산다고 '뱀게'라고도 한다. 제주도에서는 무당을 심방이라고 하는데, 도둑게가 무당처럼 울긋불긋하다고 '심방깅이'라고 한다. 온몸이 빨개서 금방 눈에 띈다.

　도둑게는 여름에 짝짓기를 한다. 8~9월이면 암컷들이 무리를 지어 바닷가로 내려가 알에서 깨어나는 새끼들을 바닷물에 털어 넣는다. 새끼는 바다에서 살다가 다 자라면 뭍으로 올라온다. 겨울에는 굴속에서 겨울잠을 잔다.

절지동물 갑각류 바위게과
등딱지 3.3×2.9mm
먹이 뻘, 바닷물 속 영양분, 음식 찌꺼기
사는 곳 서해·남해·동해 남부 바닷가
특징 부엌에 들어와 음식을 훔쳐 먹는다.

홍게 붉은대게, 분홍대게, 장수대게 *Chionoecetes japonicus*

2004년 1월, 강원 속초 대포항

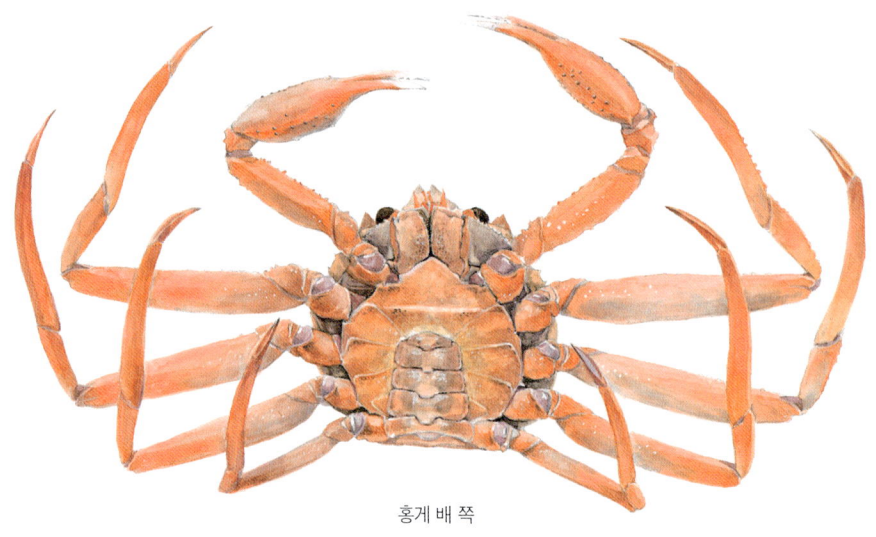

홍게 배 쪽

홍게는 물이 차고 깊은 동해 바닷속 진흙이나 모랫바닥에서 산다. 온몸이 붉고 대게와 비슷하게 생겨서 '붉은대게'라고도 한다. 대게나 털게보다 흔하다. 등딱지는 둥근 세모꼴로 옆 가장자리에 짧고 날카로운 가시가 나 있다. 수컷 중에는 등딱지 폭이 17cm나 되는 큰 것도 있다. 암컷은 보통 8cm쯤 된다. 껍데기가 두껍고 속살이 적은 편이다. 다리는 가늘고 길다.

홍게는 야행성으로 밤에 나와서 조개나 갯지렁이나 작은 물고기를 잡아먹는다. 먹을 것이 모자라면 죽은 물고기도 먹고, 저희들끼리 잡아먹기도 한다. 1년 내내 잡을 수 있지만 11월부터 이듬해 봄까지가 제철이다. 배를 타고 나가 통발로 잡는다. 홍게는 맛이 달고 담백해서 많이 쪄 먹는다. 겨울에는 길거리나 포장마차에서 찐 홍게를 많이 판다.

절지동물 갑각류 물맞이게과
등딱지 10.5 × 7.5cm
먹이 조개, 갯지렁이, 죽은 물고기
사는 곳 동해 200~1,800m 바닷속
잡는 때 1년 내내
특징 이름처럼 온몸이 붉다.

대게

영덕게, 박달게, 빵게, 왕게 *Chionoecetes opilio*

2004년 1월, 강원 속초 대포항

대게 배 쪽

대게는 다리가 대나무처럼 곧게 쭉 뻗었다고 '대게'라고 한다. 홍게처럼 물이 차고 깊은 동해에서 사는데, 수심이 2,000m 가까이 되는 바닷속 진흙이나 모랫바닥에서도 발견된다.

　대게 등딱지는 둥근 세모꼴이고 옆 가장자리에 가시가 돋아 있다. 다리가 무척 긴데, 집게다리는 걷는다리보다 짧다. 집게발이 억세서 조개처럼 단단한 먹이도 부수어 먹는다. 대게가 살기에 알맞은 물 온도는 1~8도이다. 대게나 홍게처럼 동해 찬물에서 사는 게는 겨울에 얕은 바다로 나오고 더운 여름에는 물이 차가운 깊은 바다로 들어간다. 수컷은 다 자랄 때까지 아홉 번 껍데기를 벗고, 암컷은 열 번쯤 벗는다. 2~3월에 알을 낳는다.

　대게는 옛날부터 경북 영덕 앞바다에서 많이 나서 '영덕게'라고도 한다. 울진 앞바다에서도 많이 난다. 등딱지가 둥그스름하면서 찐빵만 한 암컷은 '빵게'라고 하고, 살이 꽉 찬 것은 살이 박달나무처럼 단단하다고 '박달게'라고 한다. 겨울이 제철이고, 등딱지가 9cm가 안 되는 어린 게나 암컷은 못 잡는다. 대게는 푹 쪄서 먹는데 달착지근하면서 담백한 맛이 난다.

절지동물 갑각류 물맞이게과
등딱지 10.5×9.5cm
다리 길이 18.4cm
먹이 조개, 새우, 오징어, 문어, 물고기
사는 곳 동해 200~1,800m 바닷속
잡는 때 겨울~봄
특징 동해 찬 바다에서 산다.

뿔물맞이게 *Pugettia quadridens quadridens*

2000년 10월, 전북 변산 성천 마을

뿔물맞이게는 바닷가 조금 깊은 곳에서 산다. 물이 맑고, 바닷말이 자라는 갯바위를 좋아한다. 얕은 바닷속 거머리말이 모여 있는 곳에 숨어 살기도 한다. 몸통은 볼록한 세모꼴이고 등이 곱슬곱슬한 털로 덮여 있다. 제 몸을 지키려고 등에 파래 같은 바닷말을 붙이고 다녀서 제 모습을 보기 어렵다. 뿔물맞이게는 옆으로 걷지 않고 밤게처럼 앞으로 걷는다. 걸음이 좀 느린 편이다. 수컷이 암컷보다 몸집이 크고 집게다리도 더 크다. 여름에 알을 낳는다.

절지동물 갑각류 물맞이게과
등딱지 1.6×2.3cm
먹이 바닷말, 작은 동물
사는 곳 바닷말이 자라는 갯바위
특징 온몸에 바닷말을 붙이고 다닌다.

자게
마름게(북), 칙게 *Parthenope valida*

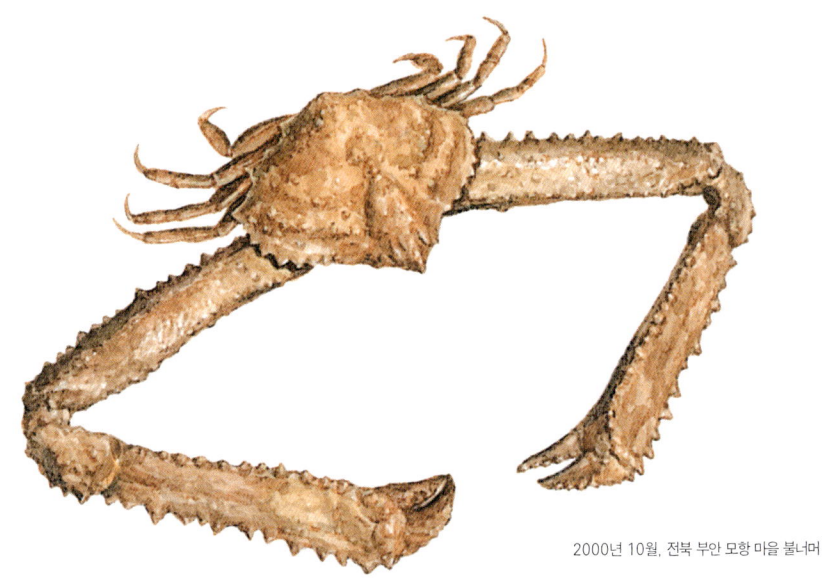

2000년 10월, 전북 부안 모항 마을 불너머

 자게는 조금 깊은 물에서 산다. 썰물 때 자갈밭이나 바위에 가만히 나와 있는 것을 가끔 볼 수 있다. 빛깔이 바위나 돌 색과 비슷해서 눈에 잘 띄지 않는다. 자게는 생김새가 특이하다. 집게다리 한 쌍이 몸통보다 몇 배나 더 크고 길다. 나머지 걷는다리 네 쌍은 아주 작고 짧다. 등딱지는 마름모꼴이고 오톨도톨한 혹이 많이 나 있다.

 자게는 사람이 먹지 않고 잡지도 않아서 바다에 많다. 어부들이 쳐 둔 그물에 걸려서 그물을 못 쓰게 만들기도 한다. 마름모꼴 등딱지 때문에 북녘에서는 '마름게'라고 한다.

절지동물 갑각류 자게과
등딱지 5.9×4.5cm
집게다리 길이 12.2cm
사는 곳 15~100m 바닷속
특징 집게다리가 몸통보다 훨씬 더 길다.

대하 왕새우, 큰새우, 큰새비, 홍대 *Penaeus chinensis*

2004년 5월, 전남 진도군 청등도

대하는 서해에서 많이 난다. 새우 중에 몸집이 커서 흔히 '왕새우'라고 한다. 색깔은 옅은 잿빛 바탕에 짙은 잿빛 점들이 흩어져 있다. 몸이 옆으로 납작하고, 껍데기는 털이 없이 매끈하다. 수염 한 쌍이 몸길이보다 훨씬 길다. 꼬리부채는 짙은 주홍색이고 끝에 검은 테두리가 있다. 암컷이 수컷보다 훨씬 커서 암컷 몸길이가 보통 16~18cm이고 수컷은 12~13cm이다.

새우는 몸이 머리와 가슴과 배로 나뉜다. 머리와 가슴이 이어져 있어서 흔히 '머리가슴'이라고 한다. 머리가슴에는 수염이 두 쌍, 걷는다리가 다섯 쌍 있고, 배에는 헤엄치는 다리가 다섯 쌍 있다. 배는 일곱 마디로 이루어져 있는데, 마음대로 구부릴 수 있다.

대하는 낮에는 바위 아래나 모랫바닥에 숨어 있다가 밤에 나와서 어린 새우나 갯지렁이나 다른 작은 동물을 잡아먹는다. 4~6월에 수심 50m쯤 되는 얕은 바다로 올라와 밤에 알을 낳는다. 겨울에는 깊은 바다로 갔다가 봄이 되면 다시 얕은 바다로 돌아온다.

대하는 봄과 가을에 배를 타고 나가 그물로 잡는다. 그물이 바다 밑바닥에 닿아 흔들리면 대하가 무리 지어 튀면서 걸려든다. 대하는 살이 많고 맛이 담백해서 사람들이 즐겨 찾는다. 구워 먹거나 튀겨 먹는데 익히면 껍질이 붉게 변한다. 국에도 넣어 먹고, 게장처럼 간장에 절여서 먹기도 한다. 양식도 한다.

절지동물 갑각류 보리새우과
몸길이 15~20cm
먹이 어린 새우, 갯지렁이, 곤쟁이류
사는 곳 서해·남해
잡는 때 봄, 가을
특징 흔히 '왕새우'라고 한다.

젓새우

새오, 새옹개, 새비, 쌔비, 백하 *Acetes japonicus*

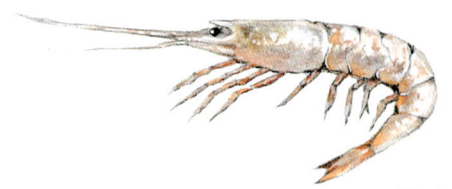

2003년 12월, 인천 소래 포구

젓새우는 서해에서 많이 난다. 새우젓을 담그는 새우로 몸길이가 4cm쯤 된다. 늦가을에 무리를 지어 먼바다로 나가서 겨울을 난 뒤 봄에 다시 얕은 바다로 돌아온다. 젓새우는 배를 타고 나가서 그물로 잡는다. 한겨울만 빼면 1년 내내 잡는데 봄과 가을에 많이 잡힌다. 봄에 잡힌 새우로 담근 젓은 '봄젓'이라고 하고 가을에 잡힌 새우로 담근 것은 '추젓'이라고 한다. '육젓'은 음력 6월에 잡힌 새우로 담근 것인데, 담백하고 비린내가 별로 안 나서 새우젓 가운데 으뜸으로 꼽는다. 가을에 갓 잡은 젓새우는 갈아서 김장을 할 때 넣기도 한다.

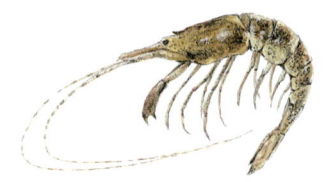

마루자주새우 *Crangon hakodatei*
얕은 바다 모랫바닥에 잘 숨는다.
환경에 따라 몸 색깔을 바꾼다.

절지동물 갑각류 젓새우과
몸길이 4cm쯤
먹이 바닷물 속 플랑크톤
사는 곳 서해·남해
잡는 때 봄, 가을
특징 새우젓을 담근다.

딱총새우 쏙 *Alpheus brevicristatus*

2000년 10월, 전북 변산 고사포 갯바위

딱총새우는 갯벌 모래진흙 바닥에 구멍을 파고 산다. 건드리면 큰 집게발로 딱총처럼 '딱딱' 소리를 낸다고 이런 이름이 붙었다. 저희들끼리 신호를 보내거나 자기 땅임을 알릴 때에도 이 소리를 낸다. 두 집게발은 크기가 다르고 솜털로 덮여 있다. 꼬리 끝은 부채처럼 생겼다. 갯바닥에 구멍을 여러 갈래로 내고 암수 한 쌍이 같이 들어가 살기도 한다. 5~8월에 알을 낳는다.

딱총새우는 새우와 함께 그물에 잘 걸린다. 국에 넣으면 국물 맛이 시원해진다. 낚시 미끼로도 쓴다.

절지동물 갑각류 딱총새우과
몸길이 4cm
먹이 개흙 속 영양분, 작은 동물
사는 곳 서해·남해 갯벌
특징 집게발로 '딱딱' 소리를 낸다.

쏙 설게, 뻥설게, 쏙새비 *Upogebia major*

2000년 10월, 전북 변산 하섬 갯벌

쏙은 서해와 남해 갯벌에서 산다. 얼핏 보면 갯가재를 닮았다. 모래가 섞인 진흙 바닥에 30~100cm로 구멍을 깊이 파고 산다. 갯벌에 구멍을 두 개 뚫어 놓는데, 물이 빠지면 구멍 속에 들어가 있다가 물이 들어오면 나와서 물속을 돌아다니며 먹이를 잡아먹는다. 두 집게발은 크기가 같은데 별로 안 크다.

충청남도 갯마을에서는 쏙을 '설게'라고 한다. 호미나 삽으로 뻘을 5~10cm쯤 걷어 내면 지름이 2~3cm쯤 되는 쏙 구멍들이 수십 개씩 한데 모여 있다. 이 구멍에 나무 막대기를 넣어 힘껏 쑤시면 그 힘 때문에 맞은편 구멍으로 물이 밀려 나오면서 쏙이 나온다. '뻥' 하고 튀어나온다고 '뻥설게'라고도 한다. 쏙은 3~4월에 나는 것이 여물고 맛이 좋다. 국을 끓여 먹거나 게장을 담근다.

절지동물 갑각류 쏙과
몸길이 7cm
먹이 바닷물 속 영양분, 플랑크톤
사는 곳 서해·남해 갯벌
잡는 때 3~4월
특징 갯벌에 구멍을 깊이 파고 산다.

쏙붙이 *Callianassa japonica*

2000년 10월, 전북 변산 성천 마을

쏙붙이는 서해와 남해 모래 갯벌에서 산다. 젖은 갯바닥에 30~50cm 깊이로 구멍을 파고 들어가서 산다. 쏙과 비슷한데 몸집이 훨씬 작다. 두 집게발 크기가 다른데, 한쪽 집게발은 크고 다른 한쪽은 작다. 꼬리는 부채를 펼친 것 같고 튼튼해 보인다. 껍데기가 물렁물렁한 편이다.

쏙붙이는 낮에는 구멍 밖으로 안 나온다. 또 물이 빠지면 구멍 속으로 들어가서 여간해서 보기가 어렵다. 바닷물이 들어오면 구멍 밖으로 나와서 먹이를 찾으러 돌아다닌다. 낚시 미끼로 쓰기도 한다.

절지동물 갑각류 쏙과
몸길이 4cm
먹이 모래나 바닷물 속 플랑크톤
사는 곳 서해·남해 모래 갯벌
특징 쏙과 비슷하게 생겼다.

가재붙이 *Laomedia astacina*

2001년 4월, 전북 부안 모항 마을 뒷장불

  가재붙이는 서해와 남해 뻘 갯벌에 굴을 파고 산다. 구멍 밖으로 밀어 올린 흙이 구멍 둘레에 쌓여 있을 때도 있다. 염전이나 새우 양식장 밑바닥에 구멍을 내기도 한다.

  가재붙이는 몸 빛깔이 밤색이고 짧은 털이 온몸을 덮고 있다. 더듬이가 길고, 두 집게다리는 크기가 같고 튼튼하게 생겼다. 꼬리마디 가장자리는 둥그스름하다. 이름과 달리 갯가재보다 딱총새우나 쏙붙이와 닮았다. 낮에도 구멍 밖으로 나와서 돌아다닌다.

절지동물 갑각류 가재붙이과
몸길이 4cm
먹이 개흙 속 영양분
사는 곳 서해·남해 뻘 갯벌, 염전
특징 딱총새우와 쏙붙이를 닮았다.

갯가게붙이 *Petrolisthes japonicus*

2001년 4월, 전북 부안 궁항 마을

 갯가게붙이는 게처럼 생겼다. 서해 남부와 남해와 제주도 바닷가 바위틈이나 돌 밑에서 산다. 작은 등딱지는 납작하고 털이 없이 매끈하다. 집게다리가 몸통보다 훨씬 크고, 두 다리 중 어느 한쪽이 더 크다. 돌을 들추면 놀라서 다른 데로 숨고, 잡으면 집게발을 떼어 내고 달아난다. 늘 숨어서 지내고 낮이나 밤이나 움직임이 적은 편이다. 3~7월에 알을 낳는다. 갯가게붙이는 게는 아니고, 새우에서 게로 넘어가는 중간 단계의 동물이다.

절지동물 갑각류 게붙이과
몸통 길이 1cm
집게다리 길이 2.7cm
먹이 바닷물 속 영양분, 플랑크톤
사는 곳 서해 남부·남해·제주도 바닷가
특징 집게다리가 몸통보다 훨씬 크다.

갯가재 <small>가재 *Oratosquilla oratoria*</small>

2000년 10월, 전북 부안 모항 마을 포구

  갯가재는 얕은 바다에서 산다. 바닷속에서 헤엄을 치고 살기 때문에 갯벌에서는 보기 어렵다. 더듬이가 두 개 있고 몸 가장자리에 가시가 많이 나 있다. 꼬리 쪽 색깔이 알록달록하다. 밤에 나와서 새우나 게나 갯지렁이나 물고기 따위를 닥치는 대로 잡아먹는다. 머리 쪽에 붙어 있는 집게발이 무척 날카로워서 한번 잡은 먹이는 놓치지 않는다. 성질이 사나워서 건드리면 머리를 치켜들고 맞서 싸우려고 든다.

  갯가재는 갯가에 쳐 둔 그물에 잘 걸린다. 5~6월이 제철이다. 삶아 먹거나 국에 넣어 끓여 먹고 구워 먹기도 한다. 싱싱한 것은 양념을 해서 날로 무쳐 먹기도 한다. 새우 맛이 난다.

절지동물 갑각류 갯가재과
몸길이 10~15cm
먹이 새우, 게, 갯지렁이, 작은 물고기
사는 곳 서해·남해 얕은 바닷속
잡는 때 5~6월
특징 헤엄을 잘 친다.

갯강구 바위살렝이, 밥줄이, 강구 *Ligia exotica*

2001년 4월, 전북 부안 대항리

갯강구는 갯바위에서 무리를 짓고 산다. 바퀴벌레와 비슷하게 생겼다. 긴 더듬이가 두 개 있고 등딱지는 윤이 난다. 물이 안 닿는 바닷가 바위틈에서 떼를 지어 돌아다닌다. 많은 다리를 부지런히 놀리며 잽싸게 바위 위를 기어 다닌다. 잡식성으로 죽은 동물이나 음식 찌꺼기나 바닷가로 밀려온 바닷말 따위를 닥치는 대로 먹어 치운다. 갯강구는 바닷가 청소부 구실을 한다.

물에 들어가면 헤엄을 곧잘 치지만, 물 밖에서 보내는 시간이 훨씬 많다. 바위 위를 바쁘게 돌아다닌다고 '바위살렝이'라고도 하고 제주도에서는 '밥줄이'라고 한다. 수컷이 암컷보다 크고, 어미는 갓 깨어난 새끼를 배에 붙이고 다니기도 한다.

절지동물 갑각류 갯강구과
몸길이 4cm
먹이 죽은 동물, 음식물 찌꺼기, 바닷말
사는 곳 물이 잘 안 드는 갯바위
특징 바퀴벌레와 비슷하게 생겼다.

꼬막

참꼬막, 고막, 안다미조개, 제사꼬막 *Tegillarca granosa*

2001년 5월, 서울 노량진 수산시장

    꼬막은 뻘 갯벌에서 산다. 전라남도 보성만과 순천만처럼 뻘이 부드럽고 푹푹 빠지는 갯벌에서 많이 난다. 갯마을 아주머니들은 긴 널판으로 만든 뻘배를 밀고 다니면서 꼬막을 잡는다.

    꼬막은 껍데기가 볼록하고 두껍고 단단하다. 두꺼운 세로줄이 17~18줄 나 있고, 줄 사이 골이 넓다. 껍데기에 털이 없다. 맛이 좋아서 '참꼬막'이라고 하고 제사상에도 올려서 '제사꼬막'이라고도 한다. 껍질째 살짝 데쳐서 속살을 먹는데 짭조름하고 담백한 맛이 난다. 꼬막은 늦가을부터 살이 오르고 맛이 들기 시작해서 봄까지 많이 먹는다. 추운 겨울에 나는 것이 더 맛있고 쫄깃쫄깃하다.

새꼬막 *Scapharca subcrenata*
꼬막보다 크고 가장자리에 털이 나 있다. 꼬막보다 맛이 떨어지고 제사상에도 못 오른다고 '똥꼬막'이라고도 한다.

연체동물 이매패류 돌조개과
크기 5×4cm
사는 곳 서해·남해 뻘 갯벌
나는 때 1년 내내
특징 전라남도 남쪽 뻘 갯벌에서 난다.

피조개
큰피조개(북), 털조개, 털꼬막, 왕꼬막, 뉘비꼬막 *Scapharca broughtonii*

2000년 10월, 전북 변산 성천 마을

 피조개는 바닷속 모래가 섞인 진흙 바닥에서 산다. 조갯살을 발라 내면 붉은 피가 뚝뚝 떨어진다고 '피조개'라고 한다. 비슷하게 생긴 꼬막이나 새꼬막보다 훨씬 크고, 더 깊은 바닷속에서 산다. 서해나 남해에서 많이 나는데 배를 타고 나가서 조개 그물로 잡는다.

 피조개는 껍데기가 두껍고 단단하다. 세로줄이 39~44줄이고 골이 가늘게 패어 있다. 껍데기에 털이 많아서 '털조개'라고도 한다. 북녘에서는 새꼬막을 '피조개'라고 하고, 피조개는 '큰피조개'라고 한다. 맛이 좋아서 겨울에 싱싱할 때 날로 많이 먹는다.

갈색고랑조개 *Megacardita ferruginosa*
피조개처럼 속살이 붉다.

연체동물 이매패류 돌조개과
크기 9×9cm
사는 곳 서해·남해 10~20m 바닷속
잡는 때 늦가을~봄
특징 조갯살에 붉은 피가 돈다.

복털조개 명주살조개(북), 단추 *Barbatia virescens*

2000년 8월, 전북 부안 모항 마을 앞장불

바위틈에 모여 사는 복털조개

복털조개는 서해와 남해 갯바위에서 무리를 짓고 산다. 바위틈에 붙어 살아서 눈여겨보지 않으면 눈에 잘 안 띈다. 이름처럼 껍데기에 털이 나 있다. 전라도 갯마을에서는 '단추'라고 하면서 꼬챙이나 따개로 따서 먹는다. 구석진 틈에 숨어 있고 바위에 꼭 달라붙어 있기 때문에 따기가 쉽지 않다. 떼어 낼 때 껍데기가 잘 깨진다.

복털조개를 넣으면 국물 맛이 좋아서 국수나 떡국 국물을 낼 때 쓴다. 그냥 삶아 먹기도 한다. 겨울에 따야 살이 통통하고 맛이 더 좋다. 여름에는 속이 영글지 않아서 따지 않는 것이 좋다. 북녘에서는 '명주살조개'라고 한다.

연체동물 이매패류 돌조개과
크기 5×3cm
사는 곳 서해·남해 바닷가 바위틈
나는 때 1년 내내
특징 바위틈에서 산다.

홍합

섭조개(북), 담치, 합자, 섭, 동해부인, 가마귀부리 *Mytilus coruscus*

족사

2000년 10월, 전북 변산 하섬 갯벌

    홍합은 우리나라 토종 조개로 물 흐름이 세고 맑은 바다에서 산다. 조갯살이 붉다고 '홍합'이라는 이름이 붙었다. 몸에서 실같이 생긴 '족사'를 내어 바위나 돌에 단단히 몸을 붙이고 산다. 껍데기는 검은 보랏빛이고 두껍고 단단하며 크다. 아주 큰 것은 높이가 18cm까지 자란다. 제주도에서는 까마귀처럼 까맣다고 '가마귀부리'라고도 한다. 껍데기에 따개비가 붙어 살거나 바닷말 같은 것이 잘 달라붙는다.

    홍합은 국을 끓이면 시원한 맛이 일품이다. 큼직한 홍합 껍데기를 숟가락 삼아 국물을 떠먹기도 한다. 강원도에서는 홍합 살로 죽을 끓여 먹고 울릉도에서는 살을 잘게 썰어 넣고 홍합밥을 해 먹기도 한다. 살이 단단해서 젓갈을 담가 먹어도 좋다.

연체동물 이매패류 홍합과
크기 5×15cm
사는 곳 갯바위, 말뚝, 방파제, 그물
나는 때 가을~봄
특징 살이 붉어서 '홍합'이라고 한다.

지중해담치 홍합, 담치, 진주담치, 개섭, 나이론담치 *Mytilus galloprovincialis*

족사

2001년 10월, 전북 부안 모항 마을 갯바위

지중해담치는 갯바위에 무리를 짓고 다글다글 붙어 산다. 흔하다. 바닷가 방파제나 그물에도 많이 달라붙는다. 몸에서 족사를 내어 바위에 단단히 붙어 있지만, 어린 것은 갈매기나 대수리 같은 고둥의 먹이가 되고 좀 큰 것은 불가사리가 많이 잡아먹는다.

지중해담치는 이름처럼 지중해가 고향이다. 다른 환경에 금세 적응하고, 기르기도 쉬워서 일부러 많이 기른다. 홍합과 생김새가 비슷하지만, 껍데기가 홍합처럼 두껍지 않고 매끈하며 윤이 난다. 또 크기도 홍합보다 작다. 지중해담치로 국을 끓이면 국물 맛이 시원하다. 무척 흔해서 우리가 홍합으로 알고 먹는 것이 지중해담치일 때가 많다.

왜홍합 *Vignadula atrata*
검고 잘다고 북녘에서는
'검은잔섭조개'라고 한다.

연체동물 이매패류 홍합과
크기 4×7cm
사는 곳 바닷가 갯바위, 방파제, 그물
나는 때 가을~봄
특징 홍합과 비슷하게 생겼다. 흔하다.

키조개 <small>게두, 치조개, 도끼조개, 챙이, 개지, 가래조개 Atrina pectinata</small>

2000년 10월, 전북 변산 성천 마을

키조개는 우리나라에서 나는 조개 중에서 가장 크다. 워낙 커서 눈에 얼른 띈다. 큰 것은 높이가 30cm를 넘기도 한다. 곡식을 까부르는 농기구인 '키'처럼 생겼다고 '키조개'라고 한다. 생김새는 세모꼴인데 맨 아래 꼭지에서 위로 갈수록 점점 넓어진다. 조가비는 짙은 풀색이 많고, 얇아서 물기만 마르면 금이 가거나 잘 깨진다. 껍데기 겉에 오톨도톨한 성장선이 거칠게 나 있다. 성장선은 조가비 겉에 가로로 나 있고 조개의 나이를 가늠하게 해 준다. 나무의 나이테와 비슷하다.

키조개는 수심 5~20m쯤 되는 바닷속 진흙 바닥에서 산다. 몸을 조금 내놓고 나머지 몸통은 진흙 속에 묻고 산다. 바닷속에 살기 때문에 잠수부가 들어가서 하나하나 갈고리로 찍어서 잡아 올린다. 물이 많이 빠질 때는 갯바닥에 박혀 있는 것을 줍기도 한다. 충청남도 서산 앞바다에서 많이 나며, 한곳에 모여 산다. 늦봄부터 여름에 걸쳐 알을 낳는다.

키조개는 싱싱할 때 날로 먹기도 하고 양념을 얹어서 구워 먹기도 한다.

연체동물 이매패류 키조개과
크기 15×22cm
사는 곳 서해·남해 5~20m 바닷속
잡는 때 늦봄~여름
특징 우리나라 조개 중에 가장 크다.

비단가리비

살가지(북), 비단챙이, 부채꼬막 *Chlamys nipponensis*

2000년 10월, 전북 변산 하섬 갯벌

　비단가리비는 수심 10m쯤 되는 깨끗한 바닷속에서 산다. 태어나면서부터 몸에서 실같이 생긴 족사를 내어 거의 평생 동안 한곳에 붙어 산다. 붙어 살기를 좋아하다 보니 바위나 자갈이 있는 곳에 많이 산다. 물이 많이 빠질 때는 갯벌에서도 이따금 볼 수 있다.

　비단가리비는 이름처럼 생김새가 곱다. 부채를 펼친 것처럼 생겼는데 빛깔은 고운 붉은색에서부터 자주색, 흰색, 짙은 밤색 따위로 사는 곳에 따라 다르다. 우리나라 가리비 중에서 가장 흔한데, 큰 것은 폭이 8cm까지 자란다. 껍데기 겉에 세로줄이 많이 나 있다.

　비단가리비는 싱싱할 때 날로 많이 먹는다. 구워 먹거나 국에도 넣어 먹는다. 맛이 좋아서 양식도 한다.

연체동물 이매패류 큰집가리비과
크기 5.2×5.7cm
사는 곳 서해·남해·동해 바닷속
특징 부채를 펼친 것처럼 생겼다.

큰가리비

참가리비, 부채조개, 깔리비, 밥조개, 밥죽 *Patinopecten yessoensis*

2004년 1월, 강원 속초 대포항

큰가리비는 동해에서만 난다. 바닷속 맑고 깨끗한 모랫바닥을 좋아한다. 이름처럼 가리비 중에 큰 종으로 폭이 20cm나 되는 것도 있다. 어릴 때는 바위 같은 데 붙어서 살다가 더 자라면 떨어져 나와서 모랫바닥에서 산다. 넓적한 껍데기를 조금 벌리고 누워 있다가 날씨가 나빠지거나 하면 입을 다물고 모래 속으로 들어간다. 위험을 느끼면 조가비를 재빨리 열었다 닫았다 하면서 멀리 뛰어 달아난다. 한 번에 몇 미터씩 나갈 정도로 뛰는 힘이 좋다.

생김새가 부채를 펼친 것 같기도 하고 복주머니처럼 보이기도 한다. 색깔은 허옇거나 분홍빛이 돌고 겉에 굵직한 세로줄이 많이 나 있다. 따개비나 관갯지렁이 따위가 껍데기에 붙어 살기도 한다. 강원도에서는 큼직한 조가비를 밥주걱으로 썼다고 '밥죽'이라고 한다.

연체동물 이매패류 큰집가리비과
크기 12×12cm
사는 곳 동해 10~30m 바닷속
특징 껍데기를 여닫으면서 뛸 수 있다.

굴

참굴(북), 꿀, 꿀동이, 석화, 꿀치, 꿀팽이 *Crassostrea gigas*

2000년 10월, 전북 변산 성천 마을

2001년 8월, 전북 새만금 해창 갯벌

둥근잠쟁이 *Monia umbonata*
동해에 많다. 바위에 굴과 함께 붙어 산다.
2000년 10월, 전북 변산 성천 마을

굴은 바닷가 바위나 돌에 붙어 사는 조개다. 여느 조개처럼 조가비가 두 장인데 한쪽 조가비를 바위에 단단히 붙이고 평생 붙박여 산다. 생김새나 크기가 일정하지 않고 저마다 제멋대로 생겼다. 껍데기는 두껍고 우툴두툴한데 종이를 겹겹이 발라 놓은 것 같다. 겉은 거칠고 잿빛이지만 껍데기 안쪽은 매끄럽고 눈같이 희다.

굴은 영양분이 많고 맛이 좋아서 '굴동이'라고도 하고 바위에 붙어 있는 모양이 꽃 같다고 '석화'라고도 한다. 북녘에서는 '참굴'이라고 한다. 굴은 양식도 많이 한다. 갯벌에 돌덩이를 던져 놓으면 굴이 붙어서 자란다. 신석기 시대 조개 더미에서 굴 껍데기가 많이 나온 것을 보면 우리나라에서는 아주 오랜 옛날부터 굴을 먹었다.

굴은 늦가을부터 살이 올라 겨울이 제철이다. 맨손으로는 따기 어렵고 조쇠나 호미로 딴다. 굴은 싱싱할 때 날로 많이 먹는다. 국을 끓여 먹고 껍질째 구워 먹기도 한다. 김장할 때 넣기도 하고 젓갈도 담근다. 굴 껍데기는 밭에 거름으로 쓰면 좋다. 알을 낳는 늦봄부터 여름 사이에는 굴을 따지 않는 것이 좋다.

연체동물 이매패류 굴과
크기 10×6cm
사는 곳 서해·남해·동해 갯바위
따는 때 늦가을~봄
특징 저마다 제멋대로 생겼다.

바위에 납작하게 붙어 있는 굴

토굴

퍽굴(북), 개굴, 갯굴, 떡굴, 벗굴, 갓굴, 대굴 *Ostrea denselamellosa*

2000년 10월, 전북 곰소 어시장

    토굴은 굴 중에서 가장 크다. 얕은 바닷속 바위나 돌에 붙어서 사는데, 다 자라면 떨어져 나와 갯바닥을 이리저리 굴러다니기도 한다. 껍데기가 두껍고 단단하며 둥글둥글하게 생겼다. 소나무 껍질 같은 얇은 껍데기가 겹겹이 붙어 있는데 마르면 잘 떨어진다. 큼직한 껍데기에 따개비나 미더덕 같은 것이 붙어 살기도 한다.

    토굴은 껍질째 구워 먹거나 속살을 까서 국에 넣어 먹는다. 북녘에서는 '퍽굴'이라고 한다.

연체동물 이매패류 굴과
크기 15×15cm
사는 곳 동해·서해·남해 10m 바닷속
특징 굴 중에서 가장 크다.

북방밤색무늬조개 홍조개 *Glycymeris yessoensis*

2003년 12월, 서울 노량진 수산시장

　북방밤색무늬조개는 동해와 남해 바닷속 모래밭에서 산다. 조가비가 둥글고 납작한데 꽤 두껍고 단단하다. 밤빛이나 붉은빛이 돌아서 '홍조개'라고도 한다. 사는 곳에 따라서 저마다 빛깔이 조금씩 다르다. 조가비 가장자리는 까맣다.
　북방밤색무늬조개는 아주 많이 나지는 않는다. 껍질째 구워 먹거나 국을 끓여 먹는다.

연체동물 이매패류 돌조개과
크기 4.5×4.3cm
사는 곳 동해·남해 얕은 바다
특징 동해에서 난다.

바지락

바스레기(북), 반지락, 빤지락, 소합, 배도라지 *Ruditapes philippinarum*

2000년 10월, 전북 곰소 어시장

    바지락은 '조개 하면 바지락'이라고 할 만큼 흔하게 먹는 조개다. 서해 갯벌에서 나는데 민물이 흘러들고 자갈이 섞인 곳에 많다. 껍데기는 거칠거칠하고, 빛깔이며 무늬가 저마다 다르게 생겼다. 맛이 좋고 기르기가 쉬워서 양식도 많이 한다. 바지락은 갯벌에 얕게 묻혀 있어서 캐기 쉽다. 1년 내내 캘 수 있지만, 알을 까는 여름에는 안 먹는 것이 좋다. 살이 별로 없고 씁쓰름한 맛이 난다.

    바지락은 국에 많이 넣어 먹는다. 바지락만으로 맑은 조갯국을 끓이기도 한다. 조갯살을 넣어 바지락죽을 끓이고, 조개젓도 담근다. 막 캐낸 바지락은 하루쯤 바닷물이나 소금물에 담가 두어 모래나 개흙을 빼내고 먹는다. 북녘에서는 바지락을 '바스레기'라고 한다.

연체동물 이매패류 백합과
크기 5×3.5cm
사는 곳 서해·남해 갯벌, 자갈밭
캐는 때 가을~봄
특징 아주 흔하고 많이 먹는 조개다.

개조개

물조개, 대합 *Saxidomus purpurata*

2001년 4월, 인천 영종도

개조개는 갯가에서부터 수심 40m쯤 되는 바닷속까지 우리나라 모든 바닷속 진흙 바닥에서 산다. 남해 맑은 바다에 많다. 조가비 폭이 10cm쯤 되는 큰 조개로 조가비가 두껍고 거칠거칠하다. 모양은 타원형이고 성장선이 뚜렷하게 보인다. 색깔은 검은색부터 옅은 잿빛이나 밤색까지 사는 곳에 따라 조금씩 다르다. 껍데기 안쪽은 짙은 보랏빛이 돈다.

개조개는 배를 타고 나가서 그물로 잡아 올린다. 경남 통영에서는 뻘밭에서 안 캐고 물속에서 잡는다고 '물조개'라고 한다. 조갯살이 푸짐해서 국에 한두 개만 넣어도 국물 맛이 시원하게 우러난다. 양념을 끼얹어서 구워 먹기도 한다.

새알조개
Glauconome primeana
뻘 갯벌에서 난다. 너무 작아서 안 먹는다.

연체동물 이매패류 백합과
크기 10×7.5cm
사는 곳 바닷속 진흙 바닥
잡는 때 1년 내내
특징 국물을 낼 때 많이 쓴다.

백합 대합(북), 생합, 상합, 쌍합

말백합 *Meretrix petechialis*
2000년 10월, 전북 곰소 어시장

    백합은 서해 갯벌에서 많이 난다. 민물이 흘러들고 뻘과 모래가 섞인 곳을 좋아한다. 나는 곳이 드문 편이다. 바지락처럼 빛깔과 무늬가 다 다르다. 껍데기는 둥근 세모꼴로 두껍고 단단하며 매끈하다. 색깔은 밤색이 많다. 속에 뻘이 별로 안 들어 있어서 바로 먹을 수 있다. 구워 먹거나 국에 넣어 먹고 싱싱할 때는 날로 먹기도 한다. 백합살을 넣어 죽을 끓여 먹기도 한다. 조개 중에 으뜸이라고 '상합'이라고도 한다. 북녘에서는 '대합'이라고 한다.

    전북 부안에서는 '그랭이'나 '그레'라고 하는 도구로 백합을 캔다. 갯바닥에 그랭이를 살짝 박고 뒷걸음질로 끌고 가다가 탁 하고 무엇이 걸리면, 열에 아홉은 백합이다. 전라북도 새만금 갯벌에서 많이 났으나 방조제를 만들면서부터 백합이 죽거나 수가 크게 줄었다.

연체동물 이매패류 백합과
크기 8.5×6.5cm
사는 곳 서해·남해 갯벌
캐는 때 가을~봄
특징 조개 중에 으뜸으로 친다.

민들조개

째복, 비단조개, 잔조개 *Gomphina aequilatera*

2001년 5월, 서울 노량진 수산시장

민들조개는 동해 얕은 바다 모랫바닥에서 산다. 서해 갯벌에 바지락이 흔한 것처럼 동해 바닷가에는 민들조개가 많다. 해수욕장에서 물놀이를 하다 보면 발에 밟히기도 한다. 조가비가 세모꼴이고 납작하고 두껍다. 바지락과 달리 겉이 매끄럽다. 조가비 무늬가 다 다르면서도 세로로 굵은 선이 석 줄씩 나 있는 것이 특징이다.

민들조개는 국에 넣어 먹는다. 민들조개만으로 맑은 조갯국을 끓이기도 한다. 속살을 까서 날로 먹기도 하고 젓갈도 담근다. 잡아서 하루쯤 바닷물이나 소금물에 담가 두면 모래를 다 토해 낸다.

연체동물 이매패류 백합과
크기 5×3.5cm
사는 곳 동해 얕은 바다
특징 동해 해수욕장에 많다.

가무락조개

가무레기(북), 모시조개, 대롱, 날추, 깜바구 *Cyclina sinensis*

2000년 9월, 전북 부안 모항 마을 개건너

여러 가지 가무락조개

가무락조개는 모래가 조금 섞인 고운 뻘 갯벌에서 산다. 껍데기가 까맣다고 이런 이름이 생겼는데, 껍데기가 허옇거나 잿빛, 밝은 밤색도 있다. 바탕이 까맣고 테두리에 자줏빛이 도는 것을 더 좋은 것으로 친다. 시장에서는 흔히 '모시조개'라고 한다. 껍데기는 두껍고 둥글고 볼록하며 꼭지 부분이 한쪽으로 조금 꼬부라져 있다.

가무락조개는 갯바닥 속으로 얕게 파고 들어가서 살기 때문에 호미나 갈고리로 쉽게 캘 수 있다. 속에 뻘이 거의 없어서 소금물에 따로 담가 두지 않고 바로 먹을 수 있다. 가무락조개만으로 맑은 조갯국을 끓이는데, 끓을 때 국자로 저으면 아그락아그락 소리가 난다고 전라도에서는 '아갈탕'이라고 한다. 시원하고 짭조름하고 담백하다. 북녘에서는 가무락조개를 '가무레기'라고 한다.

연체동물 이매패류 백합과
크기 5×5cm
사는 곳 서해·남해 모래가 섞인 뻘 갯벌
나는 때 1년 내내
특징 시장에서는 모시조개라고 판다.

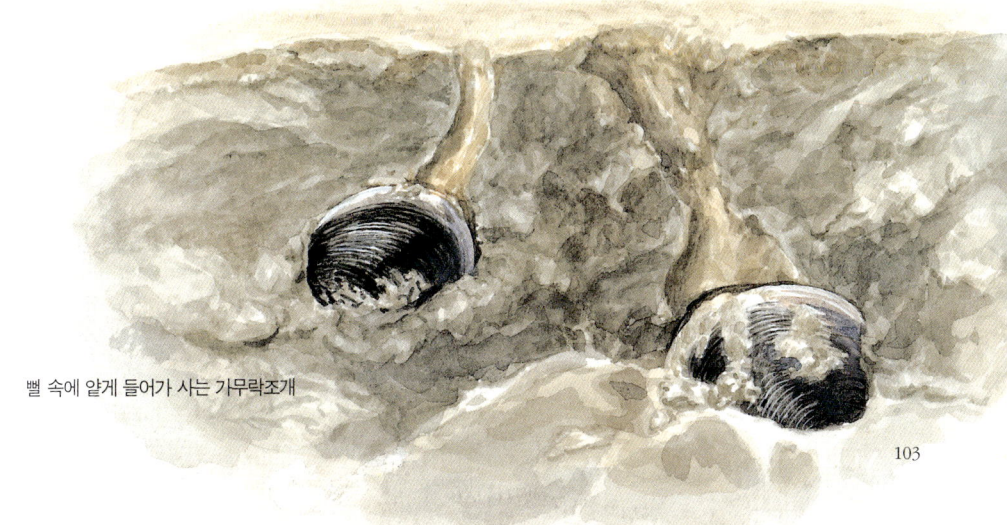

뻘 속에 얕게 들어가 사는 가무락조개

떡조개

마당조개(북), 빗죽이, 뻐죽이, 흰조개, 할미조개 *Dosinorbis japonicus*

2000년 10월, 전북 변산 하섬 갯벌

떡조개는 모래가 많은 갯벌에서 산다. 희고 둥글고 큼직한 것이 보름달 같다. 서해 갯벌에서 많이 난다. 떡조개 구멍은 갯바닥에 하나씩 나 있는데 젓가락으로 꾹 눌러 놓은 것처럼 보인다. 껍데기는 아주 납작한데 무척 두껍고 단단해서 여간해서 깨지지 않는다. 갯마을 아이들이 떡조개 껍데기로 바닷가에서 물수제비를 뜨기도 한다. 껍데기에는 다른 무늬 없이 성장선만 또렷하게 나타나며 꼭지는 한쪽으로 조금 치우쳐 있다.

떡조개는 구워 먹거나 삶아 먹고 국에도 넣어 먹는다. 갯마을에서는 '빗죽이'나 '뻐죽이'라고 한다. 허옇다고 '흰조개'라고도 한다. 북녘에서는 '마당조개'라고 한다.

연체동물 이매패류 백합과
크기 8×6.5cm
사는 곳 서해·남해 모래갯벌
나는 때 겨울~봄
특징 조가비가 희고 둥글고 큼직하다.

살조개
큰바스레기(북), 뒤엉, 바디조개, 참조개, 쌀댕이 *Protothaca jedoensis*

2000년 10월, 전북 변산 성천 마을

    살조개는 모래와 자갈이 섞인 갯벌에서 산다. 조금 깊은 데서 나기 때문에 물이 많이 빠지는 겨울에 잘 잡힌다. 많이 날 때는 갯바닥 위로 불쑥불쑥 솟아 있기도 한다. 조가비가 두껍고 볼록하고 거칠거칠하며 세로로 골이 많이 나 있다. 가로로 나 있는 성장선도 또렷이 보인다. 색깔은 밝은 살구색이고, 조가비 폭이 5cm쯤으로 바지락보다 꽤 크다.

    살조개는 속에 모래가 없어서 바로 먹을 수 있다. 구워 먹거나 국에 넣어 먹는다. 갯마을에서는 '뒤엉'이나 '바디조개'라고 하면서 즐겨 먹는다. 북녘에서는 '큰바스레기'라고 한다. 서해, 남해, 동해에서 다 나지만 흔하지는 않다.

연체동물 이매패류 백합과
크기 5×4.2cm
사는 곳 모래와 자갈이 깔린 얕은 바다
나는 때 가을~봄
특징 껍데기에 세로로 골이 나 있다.

아담스백합 대합 *Callithaca adamsi*

2004년 1월, 강원 속초 대포항

아담스백합은 서해와 남해 수심 20m쯤 되는 고운 모랫바닥에서 산다. 껍데기가 조금 볼록하고, 크고 두껍고 단단하다. 만져 보면 매끄럽지 않고 거칠다. 꼭지가 한쪽으로 조금 치우쳐 있다. 색깔은 밤색이 많은데 사는 곳에 따라 조금씩 다르다.

아담스백합은 흔하지 않다. 구워 먹거나 국에 넣어 먹는데, 맛이 담백하다. 시장에서는 크다고 그냥 '대합'이라고 한다.

연체동물 이매패류 백합과
크기 6×5cm
사는 곳 서해·남해 바닷속
특징 시장에서는 대합이라고 판다.

새조개

갈매기조개, 갈망조개, 오리조개 *Fulvia mutica*

속살이게   2004년 1월, 충남 서산 천수만

새조개는 서해와 남해 수심 10m쯤 되는 얕은 바닷속에서 산다. 조가비 밖으로 내민 발 모양이 새 부리 같아서 '새조개'라는 이름이 붙었다. 바다에서 발을 내밀고 헤엄을 쳐서 멀리 가기도 한다. 조가비는 볼록하고 털이 나 있으며 세로로 가는 골이 45개 넘게 패어 있다. 색깔은 붉은빛이 도는데 껍데기 안쪽도 붉다. 껍데기가 얇아서 잘 부서진다.

새조개는 겨울에서 이른 봄 사이에만 나온다. 배를 타고 나가서 조개 그물로 잡는다. 충청남도 천수만에서 많이 난다. 국을 끓여 먹거나 구워 먹는다. 살이 많고 쫄깃쫄깃하다.

연체동물 이매패류 새조개과
크기 9×9cm
사는 곳 서해·남해 바닷속 진흙 바닥
나는 때 겨울~이른 봄
특징 밖으로 나온 발이 새 부리 같다.

동죽

동조개(북), 불통, 미영조개, 물통조개 *Mactra veneriformis*

2000년 10월, 전북 부안 모항 마을 개건너

    동죽은 서해와 남해 모래 갯벌에서 산다. 갯벌에 얕게 묻혀 있어서 캐기 쉽다. 흔하고 많이 나서 시장에서 늘 볼 수 있다. 생김새는 둥근 세모꼴로 볼록하다. 껍데기가 두껍고 단단하며, 사는 곳에 따라서 누르스름하거나 잿빛, 어두운 감청색이 돈다. 1년에 두 번쯤 알을 슬 때는 조가비에서 국수 가락이 나오는 것 같기도 하고 눈이 쏟아져 내리는 것 같기도 하다.

    동죽은 속에 모래가 많이 들어 있다. 소금물에 담가 두었다가 모래를 빼내고 먹는다. 동죽만 넣어 맑은 조갯국을 끓이기도 하고, 살짝 데쳐서 조갯살을 무쳐 먹기도 한다. 갯마을에서는 '불통'이라고 하고 북녘에서는 '동조개'라고 한다.

여러 가지 동죽

연체동물 이매패류 개량조개과
크기 4.5×3cm
사는 곳 서해·남해 모래 갯벌
특징 아주 흔한 조개다.

개량조개 해방조개, 노랑조개, 멍지조개, 갈미조개 *Mactra chinensis*

2000년 5월, 서울 노량진 수산시장

개량조개는 서해와 남해 수심 10m쯤 되는 바다에서 산다. 동해 남쪽 바다에도 있다. 물이 맑은 바닷속 고운 모랫바닥에 얕게 파고 들어가서 산다. 조가비는 둥근 세모꼴이고 매끄러우며 성장선이 가늘게 나 있다. 조개 중에서 무척 빨리 자라는 편이다.

개량조개는 해마다 많이 나지는 않고 한번 날 때 아주 많이 난다. 전북 부안에서는 해방되던 해에 많이 나서 사람들의 배고픔을 달래 주었다고 '해방조개'라고 한다. 모래를 빼낸 뒤 살짝 데쳐서 조갯살을 무쳐 먹는다. 국물을 내기도 하고 구워 먹기도 한다. 겨울이 제철인데 여름에도 난다. 조가비가 누래서 '노랑조개'라고도 한다.

연체동물 이매패류 개량조개과
크기 6.5×4.5cm
사는 곳 서해·남해 바닷속 모래밭
특징 한번 날 때 아주 많이 난다.

북방대합 <small>웅피, 은피, 운피, 대합 *Pseudocardium sachalinensis*</small>

2004년 1월, 강원 속초 대포항

　북방대합은 동해에서 난다. 수심 10~30m 맑은 바닷속 모랫바닥에서 산다. 다 자라면 조가비 폭이 10cm쯤 되는 큰 조개다. 조가비가 세모꼴이고 볼록하며 두껍고 무겁다.

　겨울이 제철로 살이 많고 부드럽고 닭고기 맛이 난다. 삶아 먹거나 구워 먹고, 데쳐서 무쳐 먹기도 한다. 발 부위는 얇게 포를 떠서 초밥을 만드는 데 쓰기도 한다. 동해 갯마을에서는 오래전부터 아기를 낳은 산모가 많이 먹었다고 한다. 조갯살을 말려 두었다가 오래 두고 먹기도 한다. 강원도 속초, 주문진, 대진 앞바다에서 많이 난다. 시장에서는 '운피'라고 한다.

연체동물 이매패류 개량조개과
크기 9.5×7.5cm
사는 곳 동해 바닷속 모랫바닥
나는 때 겨울
특징 동해 찬 바다에서 산다.

왕우럭조개 우럭, 껄구지, 말조개 *Tresus keenae*

따개비 수관

2004년 1월, 서울 노량진 수산시장

    왕우럭조개는 남해에서 난다. 수심 20m쯤 되는 바닷속 고운 진흙 바닥에서 사는데 갯바닥 속으로 30~50cm쯤 파고 들어가서 산다. 조가비가 두껍고 단단한데, 조가비 밖으로 발이 늘 나와 있다. 이 발은 바닷물을 빨아들이고 내보내는 '수관'으로 가무잡잡하고 굵고 길다. 이 수관에 따개비가 붙어서 살기도 한다. 수관은 거무튀튀한 껍질로 싸여 있고, 이 얇은 껍질이 조가비도 덮는다.

    왕우럭조개는 이름에 '왕' 자가 들어간 것에서 알 수 있듯이 아주 큰 조개다. 잠수부가 바닷속으로 자맥질해 들어가서 하나하나 잡아 올린다. 살이 많고 맛도 뛰어나다. 살을 얇게 저며서 날로 많이 먹고, 초밥 재료로도 쓴다. 비린내가 안 나고 감칠맛이 오래 남는다. 흔하지 않고 드물게 난다.

연체동물 이매패류 개량조개과
크기 14×9cm
사는 곳 남해 바닷속 진흙 바닥
나는 때 겨울~봄
특징 발이 늘 조가비 밖으로 나와 있다.

가리맛조개
맛(북), 참맛, 맛살조개, 개발 *Sinonovacula constricta*

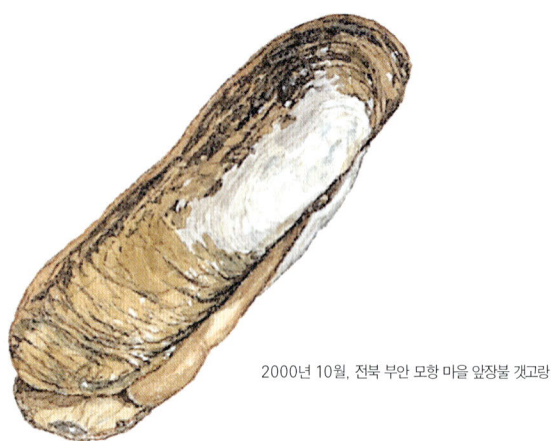

2000년 10월, 전북 부안 모항 마을 앞장불 갯고랑

　가리맛조개는 서해와 남해 갯벌에서 산다. 민물이 흘러드는 갯고랑이나 질척거리는 뻘 갯벌에 무리 지어 산다. 조가비는 네모꼴인데 길고 색깔이 누렇다. 겉이 주름져 있고 얇아서 잘 깨진다.

　가리맛조개는 가을부터 봄 사이에 난다. 한창 날 때는 갯바닥에 구멍 두 개가 또렷하게 나 있는 것을 볼 수 있다. 구멍은 뻘 속으로 곧게 뻗어 있고, 20~60cm나 될 만큼 깊다. 그래서 캘 때 힘이 많이 든다. 소금물에 담가 모래나 뻘을 빼내고 먹는다. 쫄깃쫄깃하고 맛이 좋다. 구워 먹거나 삶아 먹고 국에도 넣어 먹는다. 북녘에서는 '맛'이라고 한다.

연체동물 이매패류 가리맛조개과
크기 10 × 3cm
사는 곳 서해·남해 갯고랑이나 뻘 갯벌
나는 때 가을~봄
특징 뻘 갯벌에 구멍을 깊이 파고 산다.

돼지가리맛 갈맛조개, 가래맛, 돼지숏꼴랭이 *Solecurtus divaricatus*

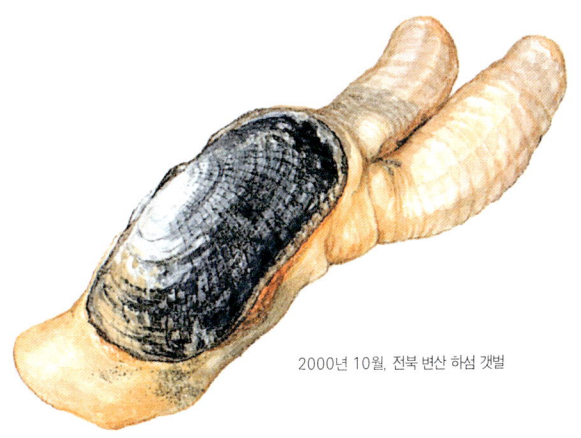

2000년 10월, 전북 변산 하섬 갯벌

 돼지가리맛은 서해와 남해 고운 모래 갯벌에서 산다. 나는 데가 드물어서 보기 어렵다. 구멍을 깊이 파고 들어가서 살기 때문에 쇠스랑처럼 생긴 삽으로 잽싸게 힘껏 파야 잡을 수 있다. 돼지가리맛이 한창 날 때는 갯바닥이 온통 돼지가리맛 구멍투성이다. 이것을 보고 갯마을 사람들은 돼지가리맛이 '눈떴다'고 한다. 구멍은 두 개인데 하나는 크고 하나는 작다.

 돼지가리맛은 늦가을부터 봄 사이가 제철이다. 살이 푸짐하고 맛도 좋아서 갯마을 사람들이 무척 좋아한다. 삶아 먹거나 구워 먹는데 갯마을 사람들은 '쇠고기보다 맛있다'고 한다.

연체동물 이매패류 발가리맛조개과
크기 8×3.5cm
사는 곳 서해·남해 고운 모래 갯벌
나는 때 늦가을~이른 봄
특징 드물게 나고, 살이 푸짐하다.

맛조개
바늘통토어(북), 맛, 참맛, 죽합 *Solen corneus*

2001년 4월, 전북 부안 대항리

맛조개는 서해와 남해 모래 갯벌에서 흔하게 난다. 조가비는 가늘고 긴 네모꼴로 대나무 마디처럼 생겼다. 색깔은 누렇고, 조가비가 얇아서 잘 부서진다.

맛조개는 갯바닥 속으로 30cm쯤 되는 구멍을 곧게 파고 들어가 산다. 맛조개가 많이 날 때 갯벌 모래를 5cm쯤 걷어 내면 무리 지어 있는 맛조개 구멍이 수두룩하게 나타난다. 구멍은 한 개인데, 이 구멍에 소금을 집어 넣으면 맛조개가 구멍 밖으로 몸을 쑥 내민다. 소금물에 담가 모래를 빼낸 뒤 국에 넣어 먹거나 구워 먹는다. 북녘에서는 맛조개를 '바늘통토어'라고 한다.

연체동물 이매패류 죽합과
크기 10×1.5cm
사는 곳 서해·남해·동해 모래 갯벌
나는 때 1년 내내
특징 맛 종류 중에서 가장 흔하다.

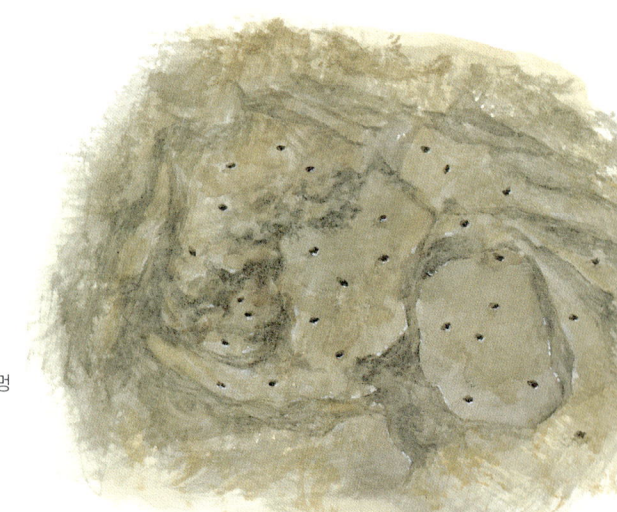

맛조개 구멍

대맛조개 토어(북), 맛, 죽합, 개맛, 끼맛, 개솟맛 *Solen grandis*

2000년 10월, 전북 변산 성천 마을

대맛조개는 서해와 남해 모래 갯벌에서 난다. 조가비가 대나무 마디처럼 생겼다고 '죽합'이라고도 한다. 맛 종류 중에서 가장 크고 껍데기도 두꺼운 편이다. 여름에는 갯바닥에 좀 얕게 들어가고 겨울에는 깊이 들어간다. 보통 20cm 넘게 깊은 구멍을 파고 들어가서 수관을 길게 내고 바닷물을 빨아들여 먹이를 걸러 먹는다.

대맛조개는 추운 겨울이 제철이다. 모랫바닥을 쿵쿵 울리면서 걸으면 갯바닥에 대맛조개 구멍이 드러난다. 이때 잽싸게 '써개'를 찔러 넣어 잡는다. 써개는 긴 꼬챙이같이 생겼다. 소금물에 담가 모래를 빼낸 뒤 구워 먹거나 삶아 먹는다. 살이 많고 통통해서 몇 개만 넣고 끓여도 국물 맛이 진하게 우러난다. 북녘에서는 '토어'라고 한다.

연체동물 이매패류 죽합과
크기 15×3cm
사는 곳 서해·남해 모래 갯벌
나는 때 가을~봄
특징 조가비가 대나무 마디처럼 생겼다.

전복

전북, 점복, 생복, 비쭈게, 후팡 *Nordotis discus*

2006년 9월, 서울 노량진 수산시장

전복 배 쪽

전복은 맑은 바닷속 갯바위에 붙어 산다. 미역이나 다시마 같은 바닷말이 우거진 곳에 많다. 큰 것은 폭이 20cm나 된다. 껍데기가 한쪽만 있는데, 짙은 흑갈색이고 거칠며 따개비 같은 것이 붙어 살기도 한다. 물이 드나드는 숨구멍이 열 개쯤 한 줄로 나 있다. 껍데기 안쪽은 무척 매끄럽고 진주빛처럼 고와서 자개 공예품을 만들기도 한다. 전복은 크고 넓적한 발을 움직여서 기어 다니는데 바위 색과 비슷해서 눈에 잘 안 띈다. 바위틈에 숨어 있다가 밤이나 새벽에 나와서 바닷말을 갉아 먹는다.

전복은 잠수부가 물에 들어가서 주워 온다. 달라붙는 힘이 세서 바위에 꼭 붙어 있으면 맨손으로는 못 떼어 낸다. 제주도에서는 해녀가 꼬챙이 같은 도구로 떼어 낸다. 서해나 남해에서는 썰물 때 얕은 물에 걸어 들어가 돌을 들춰서 줍기도 한다. 전복은 맛이 좋고 영양가가 높다. 푸짐한 살을 떼어 날로 먹거나 죽을 끓여 먹고, 말렸다가 오래 두고 먹기도 한다. 내장으로는 젓갈을 담근다. 양식도 많이 한다.

연체동물 복족류 전복과
크기 4 × 12cm
먹이 미역이나 다시마 같은 바닷말
사는 곳 서해·남해·동해·제주도 바닷속
특징 제주도에서 많이 난다.

둥근배무래기
배말, 비말, 삿갓조개, 말똥 *Notoacmea concinna*

배 쪽

2001년 4월, 전북 부안 대항리

둥근배무래기는 뭍에서 가까운 갯바위에 붙어 산다. 사는 곳에 따라 빛깔이 조금씩 다르다. 바위에 달라붙는 힘이 세서 맨손으로는 떼어 내기 어렵다. 갯마을에서는 바위에 딱 붙어서 사는 배무래기나 테두리고둥 같은 고둥을 모두 '배말'이라고 한다. 삿갓처럼 생겼다고 '삿갓조개'라고도 하는데, 삿갓 꼭지가 한쪽으로 치우쳐 있다. 좀체 움직이지 않지만, 움직일 때는 껍데기를 살짝 들어올리고 아주 천천히 움직인다.

껍데기에 푸른빛이 돈다고 제주도에서는 둥근배무래기를 '청비말'이라고 한다. 전라북도 부안에서는 머리 가마 같다고 '가매'라고 한다. 둥근배무래기는 쓴맛이 나서 잘 안 먹는다.

연체동물 복족류 흰삿갓조개과
크기 2.6×0.7cm
먹이 바닷말, 바위 유기물
사는 곳 뭍에서 가까운 갯바위
특징 삿갓처럼 생겼다.

테두리고둥 <small>줄배말, 벨, 삿갓조개, 오만쟁이, 고깔 *Patelloida saccharina lanx*</small>

2001년 4월, 전북 부안 대항리

  테두리고둥은 바닷가 바위나 돌에 붙어서 산다. 물웅덩이나 물기가 있는 갯바위에서 흔하게 볼 수 있다. 껍데기가 두껍고 단단하며 6~8개쯤 되는 줄무늬가 튀어나와 있다. 바위에서 좀처럼 움직이지 않고, 단단히 달라붙어 있어서 떼어 내기가 어렵다. 테두리고둥은 별처럼 생겨서 '벨'이라고도 하고 고깔처럼 보인다고 '고깔'이라고도 한다. 아이들이 이마에 붙이고 놀기도 한다.
  갯마을에서는 테두리고둥을 호미로 떼어 낸 뒤 껍데기 안쪽에 있는 살을 발라서 반찬을 해 먹는다.

연체동물 복족류 흰삿갓조개과
크기 3.5×1.1cm
먹이 바위 유기물
사는 곳 갯바위, 물웅덩이
특징 살을 발라 반찬을 해 먹는다.

개울타리고둥 <small>각시고동, 째보고동 *Monodonta labio confusa*</small>

2001년 4월, 전북 부안 모항 마을 개건너

개울타리고둥은 뭍에 가까운 갯바위에서 무리를 짓고 산다. 물기가 있는 바위 틈이나 큰 자갈 아래 많이 모여 있다. 껍데기가 둥글고 단단한데, 벽돌을 쌓아 울타리를 만든 것처럼 보여서 이름에도 '울타리' 가 들어갔다. 물이 빠지면 바위틈이나 돌 밑으로 들어가고 물이 들어오면 기어 나온다. 물웅덩이 안에서는 활발하게 움직이고 갯바위에 드러나 있을 때는 거의 안 움직인다.

개울타리고둥은 삶아서 바늘 같은 뾰족한 것으로 빼 먹는데 살이 연해서 나오다가 잘 찢어진다. 경남 통영에서는 살이 잘 찢어진다고 '째보고동'이라고 한다. 새색시처럼 부끄러워서 살이 잘 안 나온다고 '각시고동'이라고 한다.

연체동물 복족류 밤고동과
크기 2.3×2.6cm
먹이 바닷말
사는 곳 바닷가 바위틈이나 자갈밭
특징 갯바위에 무리를 지어 산다.

보말고둥 배꼽발굽골뱅이(북), 참고둥, 보말, 먹보말 *Omphalius rusticus*

2001년 4월, 전북 부안 모항 마을 병풍바위

보말고둥은 바닷가 바위나 돌 아래 많다. 자갈밭이나 물웅덩이에서도 흔하게 볼 수 있다. 황토색이나 잿빛 바탕에 검은 점이 줄처럼 나 있다. 살아 있는 보말고둥 껍데기에 따개비부터 석회관갯지렁이, 파래까지 온갖 것이 달라붙어 살기도 한다. 빈 껍데기에는 집게가 들어가서 산다.

보말고둥은 삶아 먹는데, 맛이 좋아서 '참고둥'이라고 한다. 경남 통영에서는 '또가리고동'이라고 하고, 제주도에서는 반질반질한 먹돌 아래 많다고 '먹보말'이라고 한다. 북녘에서는 '배꼽발굽골뱅이'라고 한다.

보말고둥 껍데기에 따개비나 파래 같은 것이 붙어 살기도 한다.

연체동물 복족류 밤고둥과
크기 2.6×2.5cm
먹이 파래 같은 바닷말
사는 곳 바닷가 바위나 돌, 물웅덩이
특징 맛이 좋아서 '참고둥'이라고 한다.

황해비단고둥
비단골뱅이(북), 서해비단고둥 *Umbonium thomasi*

2000년 10월, 전북 변산 성천 마을

　　황해비단고둥은 서해 모래 갯벌에서 산다. '서해비단고둥'으로 더 많이 알려져 있다. 물 빠진 모래 갯바닥에서 무리 지어 기어 다니는 것을 흔하게 볼 수 있다. 아주 작고 납작하며 동그랗다. 껍데기는 반질반질 윤이 나고 누런 바탕에 고운 물결무늬가 나 있다. 사는 곳에 따라서 껍데기 색이나 무늬가 여러 가지로 나타난다. 물기가 촉촉한 갯바닥을 기어 다닌 자국이 길고 어지럽게 난다. 제 몸을 지키려고 모래를 뒤집어쓰고 기어 다니기도 한다. 북녘에서는 '비단골뱅이'라고 한다.

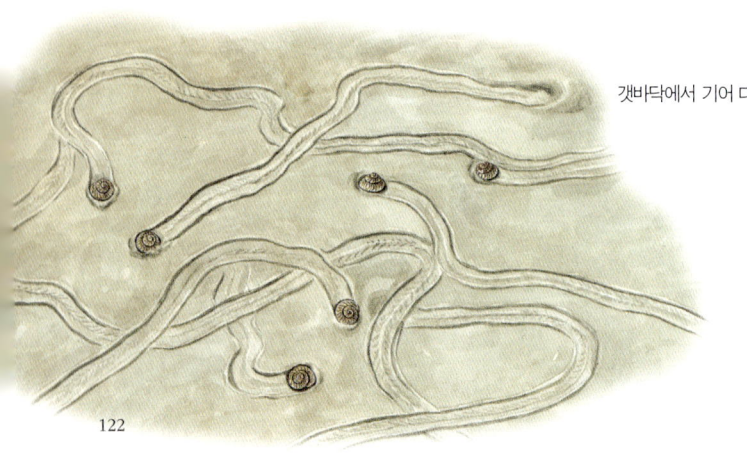

갯바닥에서 기어 다니는 황해비단고둥

연체동물 복족류 밤고둥과
크기 1.5×0.8cm
먹이 갯바닥에 쌓인 찌꺼기
사는 곳 서해 모래 갯벌
특징 서해에서만 난다.

소라
뿔소라, 꾸적, 구쟁기, 살고동, 호랑, 골뱅이 *Batillus cornutus*

2003년 12월, 인천 소래 포구

    소라는 남해와 제주도에서 많이 난다. 물이 맑은 바닷속 바위에서 산다. 껍데기는 푸른빛이 도는 짙은 갈색이다. 무척 두껍고 단단하며, 뾰족하고 큼직한 뿔들이 솟아 있다. 뚜껑은 두꺼운 석회질로 되어 있고 가시 같은 작고 우툴두툴한 돌기가 촘촘하게 나 있다.

    소라는 밤에 나와서 바닷말을 먹는다. 크고 넓적한 다시마나 감태 잎에 기어올라가 잘 발달한 혀이빨로 부지런히 갉아 먹는다. 7~9월에 알을 낳는다. 어릴 때는 바닷가 바위 밑에 살다가 다 자라면 바닷말이 많은 깊은 바다 쪽으로 옮겨 간다. 큰 것일수록 더 깊은 바다에서 산다.

    갯마을에서는 피뿔고둥을 소라라고도 하는데, 소라와 피뿔고둥은 다르다. 피뿔고둥은 뾰족한 뿔이 없고 구멍 뚜껑이 얇다. 또 소라는 바닷말을 먹고 살지만 피뿔고둥은 조개나 고둥을 잡아먹는다.

연체동물 복족류 소라과
크기 8×10cm
먹이 바닷말
사는 곳 제주도·남해·동해
특징 제주도에서 많이 난다.

눈알고둥

알골뱅이(북), 눈머럭데기, 새마리, 쇄딱지고동 *Lunella coronata coreensis*

2000년 10월, 전북 부안 모항 마을 옥기장불

눈알고둥은 서해와 남해 갯바위에 흔하다. 물에 잠긴 자갈밭이나 물웅덩이 바닥에도 많이 있다. 뚜껑이 소라 뚜껑처럼 딱딱하고 바깥쪽으로 둥글게 부풀어 있다. 그 모양이 눈알이 튀어나온 것 같다고 '눈알고둥'이라는 이름이 붙었다. 눈이 먼 것처럼 보인다고 '눈머럭데기'라고도 한다. 북녘에서는 '알골뱅이'라고 한다. 눈알고둥 껍데기에는 물때가 많이 달라붙어서 푸른빛이 도는데, 따개비 같은 것이 붙어 살기도 한다.

눈알고둥은 1년 내내 볼 수 있다. 따뜻한 봄에는 물 빠진 갯바위에 무리 지어 나와 있다. 삶아서 바늘로 쏙 빼 먹는다.

물웅덩이에 무리 지어 있는 눈알고둥.
껍데기가 푸른 이끼 같은 것으로 덮여 있다.

연체동물 복족류 소라과
크기 3×3cm
먹이 바닷말
사는 곳 서해·남해 갯바위, 물웅덩이
특징 뚜껑이 눈알처럼 생겼다.

갈고둥

제비고동, 가마귀보말, 문데기보말, 게따까리 *Heminerita japonica*

2001년 4월, 전북 부안 모항 마을 개건너

갈고둥은 바닷가 바위나 돌에 붙어 사는 작은 고둥이다. 총알고둥이 사는 바위 맨 위쪽이나 바위틈이나 그늘진 바위벽에서 흔하게 볼 수 있다. 까만 바탕에 밝은색 얼룩무늬가 알록달록 나 있는 것이 제비처럼 예쁘다고 '제비고동'이라고도 한다. 껍데기가 두껍고 단단하며 반들반들하다. 뚜껑은 반달처럼 생겼다.

좀처럼 움직이지 않다가 밤에 바위가 축축하게 젖으면 바위에 붙어 있는 먹이를 먹으려고 열심히 기어 다닌다. 바닷말도 갉아 먹는다. 봄에 갯바위에서 짝짓기하는 것을 쉽게 볼 수 있다. 삶아 먹으면 맛있는데, 잘아서 잘 안 줍는다. 제주도에서는 까맣다고 '가마귀보말'이라고 한다.

연체동물 복족류 갈고둥과
크기 2×2cm
먹이 바위 유기물, 바닷말
사는 곳 물 가까운 갯바위나 자갈밭
특징 뚜껑이 반달처럼 생겼다.

총알고둥 수수골뱅이(북), 쌔고동, 뀌고동, 몸보말 *Littorina brevicula*

2001년 4월, 전북 부안 대항리

총알고둥은 뭍에서 가까운 바닷가 바위나 자갈밭에서 산다. 물기가 없는 곳에서도 잘 견딘다. 갯바위에서도 물이 잘 안 닿는 위쪽에 붙어 있다. 메마른 바위틈에 떼 지어 몰려 있는 것을 볼 수 있다. 몸 색깔이 바위 색과 비슷하다.

총알고둥은 작고, 이름처럼 꽁무니가 총알같이 뾰족하다. 껍데기는 두껍고 단단하며, 겉에 튀어나온 돌기들이 줄무늬처럼 또렷하게 이어진다. 겨울에 알을 슨다. 우리나라 갯바위에 널리 퍼져 사는 대표 생물이다. 제주도에서는 '몸보말'이라고 하고, 큰 것을 골라 삶아 먹는다. 북녘에서는 '수수골뱅이'라고 한다.

톳을 갉아 먹고 있는 총알고둥
2004년 5월, 전남 진도군 대마도

연체동물 복족류 총알고둥과
크기 1.2×1.6cm
먹이 바닷말
사는 곳 뭍에 가까운 갯바위
특징 꽁무니가 총알같이 뾰족하다.

갯고둥

고둥, 소라, 게소라, 갯다슬기, 비틀이, 입뻐틀이, 빼래이, 쪼루, 뻘대고동

갯고둥 *Batillaria multiformis*
2001년 4월, 전북 부안 궁항 마을

갯비틀이고둥
Cerithideopsilla djadjariensis
2001년 4월, 전북 부안 대항리

댕가리 *B. cumingi*
2001년 4월, 전북 부안 모항 마을 개건너

비틀이고둥 *C. cingulata*
2001년 4월, 전북 부안 궁항 마을

갯고둥, 댕가리, 비틀이고둥, 갯비틀이고둥은 바닷가에서 흔하게 볼 수 있다. 떼를 지어 갯바닥에 모여 산다. 높이는 3cm쯤이고 껍데기가 가늘고 긴 원뿔처럼 생겼다. 서로 워낙 비슷하게 생겨서 가려내기가 어렵다. 또 같은 종이라도 사는 곳에 따라 생김새나 빛깔이 다르다. 바닷말이나 개흙을 먹는다.

갯마을에서는 이 고둥들을 싸잡아서 '고둥'이나 '소라'라고 한다. 민물에서 사는 다슬기와 비슷하게 생겨서 '갯다슬기'라고도 한다. 또 주둥이가 비틀어져 있다고 '비틀이'나 '입삐틀이'라고도 한다. 껍데기가 두껍고 단단해서 빈 껍데기에 집게가 들어가 살기도 한다. 그래서 갯고둥들이 사는 곳에는 집게도 많이 산다. 집게가 들어가 산다고 '게소라'나 '게집골뱅이' 같은 이름도 생겼다.

흔하고 맛이 좋아서 주워다 삶아 먹는데 담백하고 시원한 맛이 난다. 꽁지를 잘라 내고 입으로 쪽 빨면 알맹이가 쏙 빨려 나온다. 삶은 것을 시장이나 가게에서 팔기도 한다.

연체동물 복족류 갯고둥과
크기 1.2×3cm
먹이 바닷말, 개흙
사는 곳 갯바닥
특징 삶아서 꽁지를 잘라 내고 속을 빼 먹는다.

갯바닥을 기어 다니는 댕가리와 갯고둥

큰구슬우렁이 반들골뱅이(북), 배꼽, 모래고동, 골뱅이 *Glossaulax didyma*

2001년 10월, 전북 부안 고사포

큰구슬우렁이는 진흙과 모래가 섞인 갯바닥에서 산다. 서해, 남해, 동해에 다 난다. 우리가 흔히 '골뱅이'라고 하는 것이 큰구슬우렁이다. 이름처럼 생김새가 둥글고 매끄럽다. 껍데기는 밤색이고 윤이 나며, 아래쪽은 흰색이다. 구멍은 반달처럼 생겼다. 갯벌 속에 얕게 몸을 묻고 이동하는데, 밤에 물 빠진 갯벌에서 모래가 불룩불룩 솟아 있는 데를 파면 나오기도 한다.

큰구슬우렁이는 조개나 다른 고둥을 잡아먹는 육식성 고둥이다. 갯벌을 헤집고 다니다가 먹잇감을 만나면 물을 빨아들여서 제 살을 한껏 부풀린다. 부풀린 살로 조개나 고둥을 완전히 뒤덮은 뒤 혀이빨로 껍데기에 작고 동그란 구멍을 뚫고 속살을 녹여 먹는다. 알을 낳는 5~6월이면 갯바닥에서 동그란 큰구슬우렁이 알집을 흔히 볼 수 있다.

큰구슬우렁이는 모래를 빼내고 삶아 먹는다. 속에 모래가 많아서 잘 씻어야 한다. 나는 곳에 따라 '배꼽', '개소랑', '모래고둥', '홍아' 같은 여러 이름이 있다. 북녘에서는 '반들골뱅이'라고 한다.

큰구슬우렁이 알집

연체동물 복족류 구슬우렁이과
크기 12×9cm
먹이 조개, 고둥
사는 곳 갯벌, 얕은 바닷속
특징 흔히 '골뱅이'라고 한다.

갯우렁이

개우렁, 우렁이, 골뱅이 Lunatia gilva

2000년 9월, 전북 부안 모항 마을 앞장불

갯우렁이는 바닷속 진흙 바닥에서 산다. 민물에서 사는 논우렁이와 비슷하게 생겼는데 꼭지가 논우렁이보다 더 뾰족하다. 색깔은 파란빛이 도는 옅은 잿빛인데 꼭지 쪽은 검은색에 가깝다. 큰구슬우렁이나 피뿔고둥과 함께 갯벌에서 조개나 다른 고둥을 잡아먹는 육식성 고둥이다. 넓고 큰 발을 부풀려 먹잇감을 덮어 싼 뒤 껍데기에 구멍을 내어 속살을 녹여 먹는다. 갯우렁이가 먹잇감을 감싸고 한참 동안 가만히 있는 것은 혀이빨로 껍데기에 구멍을 뚫고 있는 것이다.

갯우렁이는 모래가 많이 들어 있어서 소금물에 담가 모래를 빼내고 먹는다.

연체동물 복족류 구슬우렁이과
크기 3×5cm
먹이 조개, 고둥
사는 곳 얕은 바닷속 진흙 바닥
특징 우렁이와 비슷하게 생겼다.

고운무늬송곳고둥

갯우렁이

동죽

다른 우렁이나 고둥에게 잡아먹힌 조개와 고둥 껍데기. 껍데기에 작고 동그란 구멍이 나 있다.

피뿔고둥 <small>소라, 소랑, 참소라, 참소랑 *Rapana venosa*</small>

2000년 10월, 전북 곰소 어시장

   피뿔고둥은 수심 10~20m쯤 되는 얕은 바다에서 산다. 서해에 많다. 바닷가 바위틈이나 물웅덩이에서도 가끔 볼 수 있다. 여러 고둥 가운데 큰 편이며 껍데기가 두껍고 단단하고 무겁다. 뚜껑은 얇다. 조개나 다른 고둥을 잡아먹는다.

   갯마을에서는 피뿔고둥을 '소라'라고도 한다. 봄에 많이 나오는데, 배를 타고 나가서 그물이나 통발로 잡는다. 피뿔고둥은 살이 푸짐하다. 삶아서 얇게 썰어 먹고, 장조림처럼 졸여서 오래 두고 먹기도 한다.

   빈 껍데기는 주꾸미를 잡을 때 쓴다. 껍데기를 줄에 엮어서 바다에 던져 놓으면 주꾸미가 제 집인 줄 알고 들어간다. 주꾸미를 잡는 서해 갯마을에 가면 줄에 엮인 피뿔고둥 껍데기가 층층이 쌓여 있는 것을 많이 볼 수 있다.

연체동물 복족류 뿔소라과
크기 12×15cm
먹이 조개, 고둥
사는 곳 서해·남해 얕은 바다
잡는 때 봄
특징 껍데기를 주꾸미 잡는 데 쓴다.

대수리 강달소라(북), 대사리, 매옹이, 쓴고동, 배아픈고동 *Reishia clavigera*

2000년 10월, 전북 부안 살구미

대수리는 바닷가 바위에 무리 지어 사는 흔한 고둥이다. 커다란 바위 전체를 대수리가 온통 뒤덮고 있을 때도 있다. 껍데기는 흑갈색이고 두껍고 단단하다. 겉에 둥근 혹들이 올록볼록 나 있어서 울퉁불퉁하다.

　대수리는 크기는 작지만 육식성 고둥이다. 먹성이 좋아서 바위에 붙어 있는 굴이나 지중해담치 같은 조개, 고둥, 따개비, 군부 따위를 닥치는 대로 잡아먹는다. 늦은 봄에서 여름 사이에 노랗거나 붉은 알집을 갯바위 아래쪽에 무더기로 슬어 놓는다.

　대수리는 삶아 먹는데 맛이 쌉싸름해서 많이 먹으면 배탈이 나기도 한다. 쓰다고 '쓴고둥', 맵다고 '매옹이', 배탈이 난다고 '배아픈고둥'이라고도 한다. 북녘에서는 '강달소라'라고 한다. 예전에는 아이들이 빈 껍데기를 공깃돌 대신 갖고 놀기도 했다.

대수리가 갯바위에 무더기로 알을 슬어 놓았다.

연체동물 복족류 뿔소라과
크기 1.8×3cm
먹이 조개, 고둥, 따개비, 군부
사는 곳 갯바위
잡는 때 1년 내내
특징 커다란 갯바위를 떼로 뒤덮는다.

어깨뿔고둥
큰굴골뱅이(북), 뿔고동 *Ocinebrellus inornatum*

2001년 4월, 전북 부안 대항리

　어깨뿔고둥은 갯바위에 붙어 산다. 물이 늘 흐르는 바위틈이나 물웅덩이 구석진 곳에 많이 있다. 껍데기가 두껍고 단단한데, 어깨에 뿔이 나 있다고 '어깨뿔고둥'이다. 경상남도 통영에서는 '뿔고동'이라고 하고 북녘에서는 '큰굴골뱅이'라고 한다. 육식성이라 굴이나 홍합 같은 조개와 다른 고둥 껍데기에 구멍을 뚫고 속살을 빨아 먹는다. 12월에서 3월 사이에 무리를 지어 알을 낳는다.
　어깨뿔고둥은 대수리나 보말고둥 같은 다른 고둥과 함께 주워서 삶아 먹는다. 속살이 잘 안 나온다.

연체동물 복족류 뿔소라과
크기 2.2×3.4cm
먹이 굴, 고둥, 홍합
사는 곳 갯바위
특징 다른 조개나 고둥을 잡아먹는다.

맵사리 살골뱅이(북), 맵다리, 대사리, 쓴고동, 박고동 *Ceratostoma rorifluum*

2001년 4월, 전북 부안 대항리

맵사리는 바닷가 바위나 자갈 밑에 붙어 산다. 남해나 서해 바닷가에 많다. 맵고 쓴 맛 때문에 '맵사리'라는 이름이 붙었다. 대수리보다 조금 크고, 껍데기가 두껍고 단단하다. 대수리와 섞여서 살기도 하는데 대수리만큼 흔하지는 않다. 봄에 짝짓기할 때는 수십에서 수백 마리가 무리를 짓고 알을 슨다.

맵사리는 맵고 쓴 맛이 나서 잘 안 먹는다. 북녘에서는 '살골뱅이'라고 한다.

맵사리가 갯바위에 슬어 놓은 알

연체동물 복족류 뿔소라과
크기 2.5×5cm
먹이 조개, 고둥
사는 곳 갯바위
특징 맛이 맵고 써서 '맵사리'다.

보리무륵 밀골뱅이(북) *Mitrella bicincta*

2001년 4월, 전북 부안 대항리

보리무륵은 바닷가 돌 틈이나 물웅덩이나 물속 바위가 많은 곳에서 무리를 짓고 산다. 아주 작은 고둥으로 높이가 1.5cm쯤 된다. 껍데기는 두껍고 매끈하며 누르스름한 밤색 바탕에 여러 가지 무늬가 있다. 사는 곳에 따라서 빛깔과 무늬가 조금씩 다르다. 껍데기 길이와 맞먹는 긴 발로 제법 빠르게 움직인다. 썩은 동물이나 죽어 가는 게나 물고기 따위를 갉아 먹는다. 북녘에서는 '밀골뱅이'라고 한다.

고운무늬송곳고둥 *Duplicaria koreana*
서해와 남해에 많다. 보리무륵이 사는 곳에 함께 살기도 한다.
2001년 4월, 전북 부안 대항리

연체동물 복족류 무륵과
크기 0.8×1.4cm
먹이 썩은 동물, 죽은 게나 물고기
사는 곳 갯바위, 얕은 바다
특징 아주 작은 고둥이다.

왕좁쌀무늬고둥 멍석골뱅이(북) *Nassarius festivus*

2000년 10월, 전북 부안 모항 마을 앞장불

왕좁쌀무늬고둥은 서해와 남해 갯바닥에서 사는 작은 고둥이다. 이름처럼 껍데기에 좁쌀 같은 혹이 많이 나 있다. 작지만 껍데기는 두껍고 단단하다. 흩어져 있다가도 먹잇감이 생기면 갑자기 무리를 지어 몰려든다. 죽은 먹이를 좋아해서 죽은 게나 물고기나 조개 따위를 깨끗이 먹어 치운다. 모래와 뻘을 뒤집어쓴 채 물기가 있는 갯바닥을 꾸물꾸물 기어 다닌다. 작은 웅덩이에 무리 지어 모여 있기도 한다. 북녘에서는 '멍석골뱅이'라고 한다.

죽은 게를 먹고 있는 왕좁쌀무늬고둥들

연체동물 복족류 좁쌀무늬고둥과
크기 1 × 1.8cm
먹이 죽은 게나 조개나 물고기
사는 곳 서해·남해 갯벌
특징 죽은 동물에 떼로 몰려든다.

갈색띠매물고둥 서해바다골뱅이(북) *Neptunea cumingi*

2003년 12월, 인천 소래 포구

갈색띠매물고둥은 수심 10~50m쯤 되는 얕은 바다에서 산다. 바닷가 바위에서도 가끔 볼 수 있다. 서해, 남해, 동해에서 두루 난다. 껍데기가 두껍고 단단하며, 이름처럼 껍데기에 갈색 띠가 있다. 사는 곳에 따라 빛깔이나 무늬나 크기가 조금씩 다르게 나타난다. 인천 소래 포구에서는 '삐뚤이고동'이라고 하고 북녘에서는 '서해바다골뱅이'라고 한다.

갈색띠매물고둥은 배를 타고 나가 통발로 잡는다. 육식성이라 통발에 썩은 고기 토막을 미끼로 넣는다. 소금물에 담가 모래를 빼낸 뒤 삶아 먹는다.

연체동물 복족류 물레고둥과
크기 2.6×4.6cm
먹이 조개, 고둥, 죽은 게나 물고기
사는 곳 얕은 바닷속 갯바위
특징 껍데기에 갈색 띠무늬가 있다.

북방매물고둥 전복소라, 참소라, 골뱅이 *Neptunea polycostata*

2004년 1월, 강원 속초 대포항

　북방매물고둥은 동해 찬 바다에서 산다. 강원도 속초나 대진 앞바다에서 많이 잡힌다. 높이가 15cm쯤으로 큰 고둥이다. 껍데기는 밤색이고, 두껍고 단단하다. 뚜껑 밖으로 내민 발 모양이 전복과 비슷하고 맛도 전복 같아서 속초에서는 '전복소라'라고 한다. 북방매물고둥은 싱싱할 때 썰어서 날로 많이 먹는다. 죽을 끓이면 전복죽 맛이 난다.

연체동물 복족류 물레고둥과
크기 9×15cm
먹이 조개, 고둥, 죽은 게나 물고기
사는 곳 동해 50~200m 바닷속
특징 동해에서 난다. 전복 맛이 난다.

명주매물고둥 참골뱅이, 골뱅이 Neptunea constricta

2004년 1월, 강원 속초 대포항

명주매물고둥은 동해 찬 바다에서 산다. 껍데기 높이가 15cm를 넘는 무척 큰 고둥이다. 껍데기가 얇아서 잘 깨진다. 얇은 뚜껑이 껍데기 안쪽으로 꽤 깊이 들어가 있다.

명주매물고둥은 드물게 난다. 배를 타고 나가 통발에 생선 토막을 미끼로 넣어 잡는다. 잠수부가 바다에 자맥질해 들어가서 하나하나 줍기도 한다. 맛이 좋아서 '참골뱅이'라고도 한다. 날로 먹거나 삶아 먹는다.

연체동물 복족류 물레고둥과
크기 9×18cm
먹이 조개, 고둥, 죽은 물고기
사는 곳 동해 북부 바닷속 진흙 바닥
특징 동해 차고 깊은 물에서 산다.

민챙이

무릉개미(북), 민개미, 밥태기, 보리밥탱이 *Bullacta exarata*

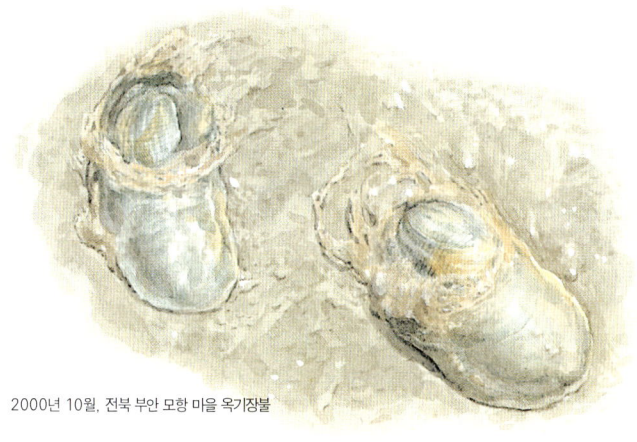

2000년 10월, 전북 부안 모항 마을 옥기장불

민챙이는 서해와 남해 갯벌에서 산다. 물이 얕게 고여 있는 갯바닥에서 흔하게 볼 수 있다. 껍데기가 무척 얇아서 거의 없는 것 같다. 만지면 미끄럽고 물컹물컹하다. 천적에게 들키지 않으려고 갯흙을 온몸에 뒤집어쓰고 갯바닥을 느릿느릿 기어 다닌다. 움직이지 않으면 알아보기 힘들다.

알을 낳는 5~6월이면 동그랗고 물렁물렁한 민챙이 알주머니가 갯벌에 널려 있다. 서해 갯마을에서는 민챙이를 '보리밥탱이'라고 하고 북녘에서는 '무릉개미'라고 한다.

연체동물 복족류 민챙이과
크기 2×1.6cm
먹이 갯흙
사는 곳 서해·남해 갯벌
특징 껍데기가 아주 얇고 물컹물컹하다.

군소 바다토끼(북), 군수, 군비, 굴멩이, 궁미, 물토새기 *Aplysia kurodai*

2006년 9월, 경북 울진 앞바다

군소는 맑은 바다에서 사는 고둥이다. 파도가 잔잔하고 바닷말이 우거진 동해나 남해 바닷속 갯바위를 좋아한다. 헤엄을 못치고 바다 밑을 엉금엉금 기어 다닌다. 몸은 짙은 보라색 바탕에 크고 작은 흰 점들이 많이 나 있다. 머리 쪽에 뿔더듬이가 두 쌍 있다. 고둥인데도 단단한 껍데기가 없고, 온몸이 물렁물렁하다. 만지면 보라색 먹물을 내뿜는다. 몸길이는 20~40cm인데 큰 것은 50cm를 넘기도 한다.

군소는 봄과 여름에 얕은 바다에 많이 나타난다. 바닷말을 갉아 먹고 사는데 빨리 자라는 편이어서 물이 따뜻할 때는 한 달 사이에 두 배로 커지기도 한다. 3~5월에 짝짓기를 하고, 노랗거나 주황빛이 도는 알집을 슬어 놓는다. 알집이 실타래나 국수 가락같이 생겼다. 제주도에서는 물에 사는 돼지라고 '물토새기'라고 한다. 북녘에서는 토끼를 닮았다고 '바다토끼'라고 한다.

군소는 먹물을 빼낸 뒤 날로 먹거나 삶아서 먹는다. 삶으면 크기가 달걀만 하게 줄어드는데, 쫄깃쫄깃하고 쌉싸름하고 담백한 맛이 난다. 갯마을에서는 문어보다 맛있다고 하고 제사상에도 올린다.

연체동물 복족류 군소과
몸길이 20~40cm
먹이 바닷말
사는 곳 동해·남해 맑은 바닷속
특징 만지면 짙은 보라색 먹물을 뿜는다.

군부

딱지조개(북), 군벗, 굼보, 굼밥, 신짝, 등꼬부리, 배오무리, 할뱅이, 할미손톱

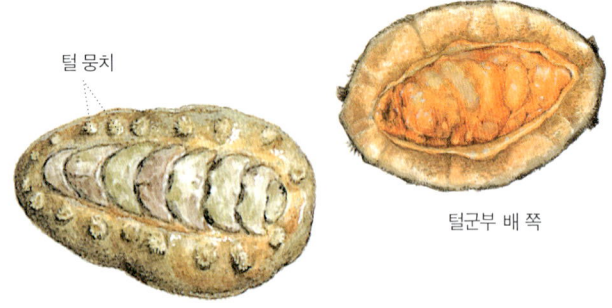

털 뭉치

털군부 배 쪽

털군부 *Acanthochitona defilippii*
2001년 4월, 전북 부안 대항리

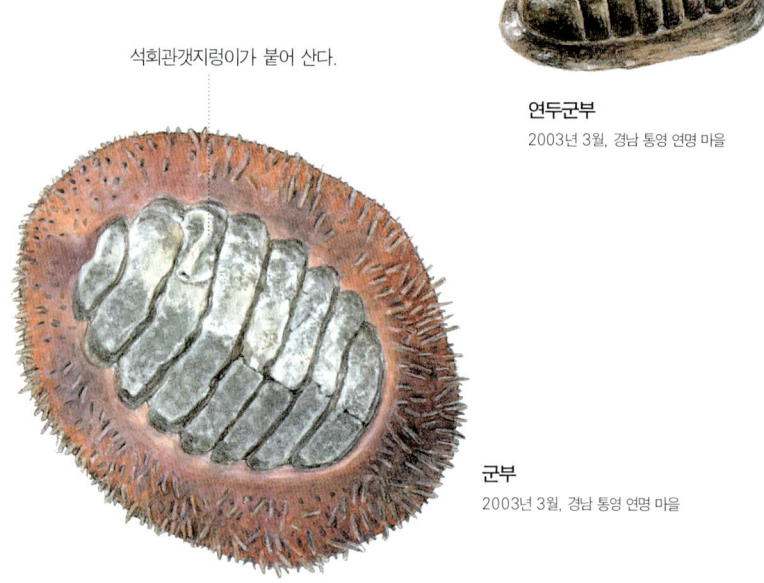

석회관갯지렁이가 붙어 산다.

연두군부
2003년 3월, 경남 통영 연명 마을

군부
2003년 3월, 경남 통영 연명 마을

군부는 바닷가 바위나 돌에 납작하게 붙어서 산다. 그늘진 바위틈에 많다. 홀로 있기도 하고 축축한 자갈 아래 3~5마리씩 무리 지어 있을 때도 있다. 움직임이 느리고 굼뜨다고 '굼보'였다가 '군부'로 이름이 바뀌었다고 한다. 딱 달라붙어서 좀체 움직이지 않는 것이 배말이나 테두리고둥 같은 삿갓조개와 비슷하다.

군부는 등 쪽에 손톱처럼 생긴 딱딱한 판 여덟 장이 기왓장처럼 포개져 있다. 털군부는 판 둘레에 짧고 단단한 털 뭉치들이 나 있다. 낮에는 꼼짝 않고 바위나 돌에 붙어 있다가 밤에 조금씩 움직이면서 바위에 붙어 있는 유기물이나 바닷말을 갉아 먹는다.

군부는 특이한 생김새 때문에 이름이 아주 많다. 신발 같다고 '신짝'이나 '짚세기'라고 하고 손톱이나 발톱 같다고 '할미손톱', '돼지발톱'이라고도 한다. 바위에서 떼어 놓으면 몸을 동그랗게 구부리는데 그 모양을 보고 '등꼬부리', '배오무리', '할뱅이'라고도 한다. 제주도에서는 '할애비군벗'이라고 한다. 북녘에서는 '딱지조개'라고 한다.

갯마을에서는 군부를 먹는다. 맨손으로는 못 떼어 내고, 호미로 긁어서 딴다. 속살을 떼어서 날로 먹거나, 통째 삶은 뒤 껍데기를 떼어 내고 먹는다. 제주도에서는 살을 간장에 졸여서 반찬으로 먹는다.

연체동물 다판류
몸길이 4~7cm
먹이 바닷말, 바위 유기물
사는 곳 갯바위
특징 등 쪽에 딱딱한 판이 포개져 있다.

오징어 오징애, 먹통고기, 수래미, 피둥어꼴뚜기

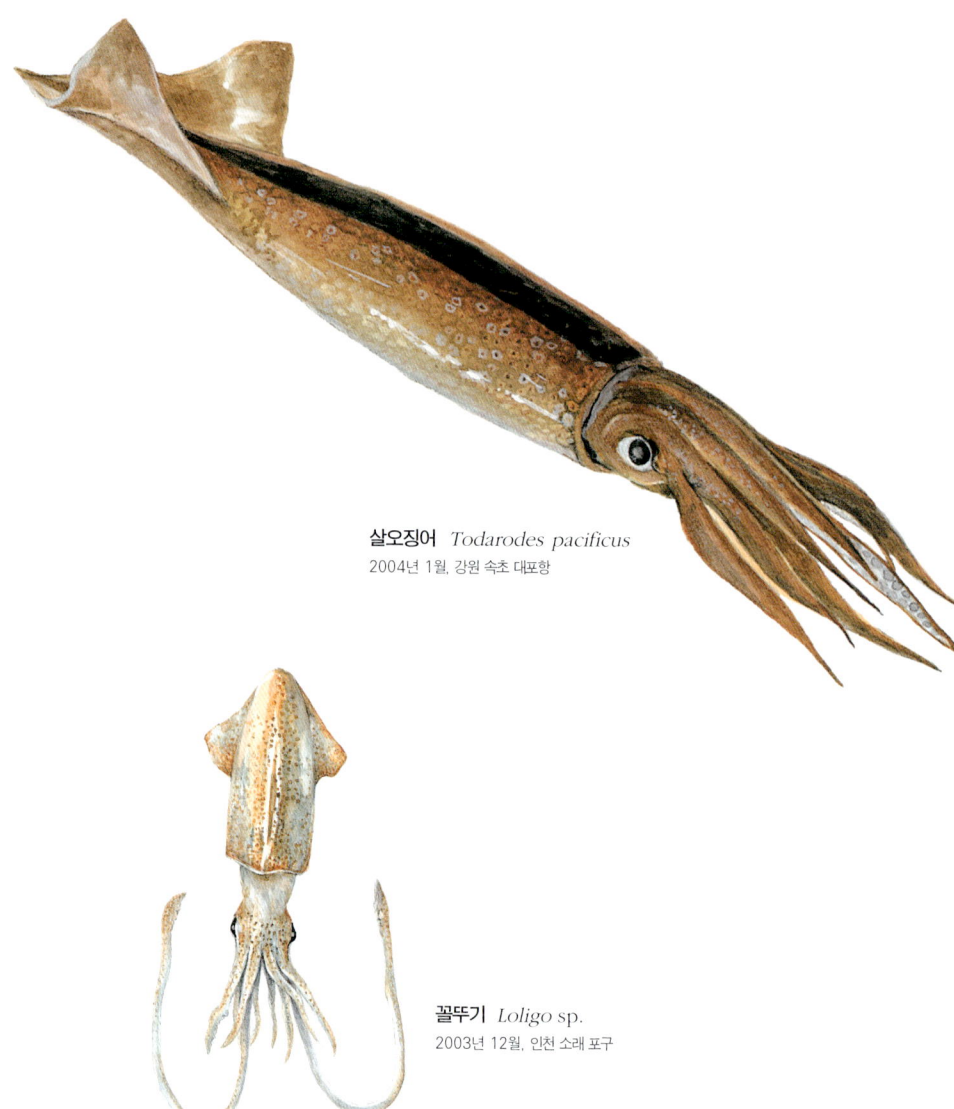

살오징어 *Todarodes pacificus*
2004년 1월, 강원 속초 대포항

꼴뚜기 *Loligo sp.*
2003년 12월, 인천 소래 포구

오징어는 동해에서 많이 난다. 머리와 다리가 붙어 있어서 '두족류'라고 한다. 몸 색깔은 밤색이나 검붉은색이다. 몸통은 둥근 통처럼 생겼고 끝에 납작한 세모꼴 지느러미가 붙어 있다. 지느러미는 몸통 길이의 삼분의 일쯤 된다. 다리는 열 개인데 이 중에 두 개는 더듬이다. 보통 때는 더듬이 주머니 속에 들어 있다가 먹이를 잡거나 짝짓기할 때만 길게 뻗어 나온다. 오징어 같은 두족류는 색깔을 맘대로 바꿀 수 있다. 위험을 느끼면 순식간에 몸 색깔을 바꾸거나 시꺼먼 먹물을 뿜는다.

오징어는 7~8월에 한창 잡힌다. 낮에는 100~300m쯤 되는 깊은 바닷속에 있다가 캄캄한 밤이 되어야 20m쯤 되는 얕은 바다로 올라온다. 불빛을 보고 몰려들기 때문에 밤에 배에 불을 환하게 켜 놓고 잡는다. 잡히면 '찍찍' 하고 우는데 쥐 울음소리와 비슷하다. 오징어는 날로 먹기도 하고 데쳐서 먹기도 한다. 젓갈도 담가 먹고 말려서 오래 두고 먹기도 한다.

오징어와 비슷한 한치오징어는 제주도와 남해에서 많이 난다. 보통 '한치'라고 하는데, 긴 몸통에 견주어 다리 길이가 한 치(3.3cm)밖에 안 된다고 이런 이름을 얻었다. 한치오징어는 살이 부드러워서 날로 많이 먹는다.

꼴뚜기는 서해 얕은 바다에서 많이 난다. 봄에 불빛으로 유인해서 그물로 잡는다. 아주 작지만 오징어처럼 먹물이 있고, 짧은 다리 여덟 개와 긴 더듬이 두 개가 있다. 갯마을에서는 '꼬록'이라고 하고, 꼴뚜기젓을 많이 담근다.

살오징어
연체동물 두족류 살오징어과
몸길이 40cm
다리 10개 (더듬이 2개 포함)
먹이 새우, 게, 작은 물고기, 오징어
사는 곳 동해·남해·서해
잡는 때 여름~겨울
특징 우리가 흔히 먹는 오징어다.

갑오징어

참오징어, 오징어, 오징애, 오징어뼈, 맹마구리 *Sepia* sp.

2004년 5월, 전남 진도군 청등도

갑오징어는 서해에서 많이 난다. 동해에서 많이 나는 원통형 오징어와 달리 몸이 납작한데, 배 쪽은 넓적하고 등 쪽은 조금 도드라졌다. 짧은 지느러미가 몸통 가장자리를 둘러싸고 있다. 몸 색깔은 밤색이 많다. 몸은 몸통과 머리와 다리로 나뉘는데, 다리 위쪽에 두 눈이 붙어 있다. 다리 열 개 중에 두 개는 더듬이로 보통 때는 더듬이 주머니에 넣고 있다가 먹이를 잡거나 짝짓기할 때만 쓴다. 살아 있는 새우나 작은 물고기 따위를 기다란 더듬이로 붙잡아 찢어 먹는다. 위험을 느끼면 몸 색깔을 갑자기 바꾸거나 먹물을 내뿜어서 물을 흐린다.

갑오징어는 몸속에 크고 단단한 타원형 뼈가 들어 있다. 이 뼈를 말렸다가 가루를 내어 약으로 쓰는데, 상처를 아물게 하고 새살이 돋게 도와준다. 이 뼈 때문에 갯마을에서는 갑오징어를 '오징어뼈'라고도 한다.

갑오징어는 보리가 누릇누릇해지는 5~6월 늦봄이 제철이다. 배를 타고 나가 통발로 잡는다. 가을과 겨울에는 잘 안 난다. 살이 도톰하고 부드럽고 맛이 좋아서 '참오징어'라고도 한다. 데쳐서 먹고 국에도 넣고, 말렸다가 오래 두고 먹기도 한다.

연체동물 두족류 갑오징어과
몸길이 20~30cm
다리 10개
먹이 새우, 작은 물고기, 다른 오징어
사는 곳 서해·남해 바닷속
잡는 때 5~6월
특징 뼈를 가루를 내어 약으로 쓴다.

낙지 낙찌, 낙띠, 무네, 서해낙지 *Octopus minor*

2000년 10월, 전북 부안 모항 마을 앞장불

낙지는 발이 푹푹 빠지는 서해와 남해 뻘 갯벌에서 산다. 밀물 때 바닷가로 밀려왔다가 못 빠져나가고 바닷가 돌 틈이나 물웅덩이에 갇히기도 한다. 몸 색깔은 밤색이 많다. 다리는 여덟 개인데, 길어서 몸통 길이의 서너 배쯤 된다. 다리마다 빨판이 20~30쌍이 있다. 다리 힘이 세서 살아 있는 먹이를 잘 잡는다.

낙지는 오징어나 문어처럼 위험을 느끼면 먹물을 쏘아 물을 흐려서 제 몸을 지킨다. 또 몸 색깔을 마음대로 바꿀 수 있다. 야행성이라 낮에는 거의 볼 수 없고 밤에 나와서 돌아다닌다. 먹성이 좋아서 새우나 게나 굴이나 물고기를 긴 다리로 잡아서 닥치는 대로 먹어 치운다.

낙지는 5~6월에 짝짓기를 한 뒤 깊은 바다로 들어갔다가 10월에 다시 얕은 바다로 돌아온다. 날이 쌀쌀해지는 늦가을부터 이듬해 봄까지가 제철이다. 뻘 위에 나 있는 낙지 구멍을 보고 삽으로 파서 잡는데, 뻘 속 깊이 숨어 있어서 팔을 겨드랑이까지 집어넣어 잡기도 한다. 무척 날래서 재빨리 잡지 않으면 놓친다. 낙지는 맛이 좋다. 날로 먹고 볶아 먹고 국을 끓여 먹는다. 북녘에서는 흔히 낙지를 오징어라 하고, 오징어를 낙지라고 한다. 낙지 가운데 다리가 국수 가락처럼 가는 것은 '세발낙지'라고 한다. 전라남도 목포에서 많이 난다.

연체동물 두족류 문어과
몸길이 30~60cm
다리 8개
먹이 새우, 게, 조개, 물고기
사는 곳 서해·남해 뻘 갯벌
잡는 때 늦가을~봄
특징 위험을 느끼면 새까만 먹물을 쏜다.

주꾸미
직검발(북), 쭈꾸미, 쭈께미, 쭈끼미 *Octopus ocellatus*

2000년 10월, 전북 부안 모항 마을 옥기쟁불

밥알같이 생긴 주꾸미 알.
피뿔고둥 껍데기 안에 슬어 놓았다.

주꾸미는 서해와 남해 얕은 바다에서 산다. 물속 갯바닥에 굴을 파고 살거나 바위틈에서 산다. 낙지와 비슷하게 생겼는데 낙지보다 작고, 다리가 짧다. 낙지나 문어처럼 머리와 다리가 붙어 있는 '두족류'다. 다리는 여덟 개로 길이가 거의 비슷하다. 다리마다 빨판이 아주 많이 있고, 세 번째 다리에는 눈알처럼 생긴 무늬가 있다. 몸 색깔은 밤색인데 사는 곳에 따라 조금씩 다르고, 또 몸 색깔을 마음대로 바꿀 수 있다.

밤에 나와 돌아다니면서 새우나 조개나 게를 닥치는 대로 잡아먹는다. 위험을 느끼면 먹물을 쏘아 물을 흐려서 제 몸을 지킨다. 봄에 알을 낳는데, 알은 밥알같이 생겼다. 알을 낳은 어미는 몸이 홀쭉해진 채로 알에서 새끼가 깨어날 때까지 곁에서 지키다 죽는다.

주꾸미는 봄이 제철이다. 배를 타고 나가 속이 빈 고둥 껍데기나 통발을 써서 잡는다. 큼직한 피뿔고둥 껍데기를 줄에 엮어서 바다에 던져 놓으면 주꾸미가 제 집인 줄 알고 들어간다.

주꾸미는 살이 부드럽고 쫄깃하고 담백한 맛을 낸다. 데쳐 먹고 볶아 먹고 국에 넣어 먹는다. 싱싱할 때 날로 먹기도 한다. 북녘에서는 '작검발'이라고 한다.

연체동물 두족류 문어과
몸길이 15~20cm
다리 8개
먹이 새우, 게, 조개, 물고기
사는 곳 서해·남해 얕은 바다
잡는 때 3~5월
특징 알이 밥알같이 생겼다.

문어
문애, 물낙지, 뭉게, 물꾸럭, 무꾸럭

왜문어 *Octopus vulgaris*
2004년 1월, 강원 속초 대포항

문어는 동해와 남해에서 많이 난다. 제주도 바다에도 많다. 바닷속 바위틈이나 구멍에 들어가는 것을 좋아한다. 머리와 다리가 붙어 있는 두족류 가운데 가장 커서, 큰 것은 사람 키를 훨씬 넘기도 한다. 머리라고 여기기 쉬운 둥그스름한 부분이 몸통이고, 몸통과 다리가 이어진 곳에 눈과 머리가 있다. 다리는 여덟 개인데, 몸통 길이보다 세 배쯤 길다. 다리마다 무척 힘센 빨판이 있어서 쩍쩍 잘 들러붙고 먹이를 잘 잡는다.

문어는 낮에는 바위틈에 숨어 있다가 밤에 나와서 고둥이나 조개나 새우 따위를 보는 대로 마구 잡아먹는다. 껍데기가 무척 두꺼운 소라를 깨어 먹을 정도로 날카로운 이빨도 가지고 있다. 위험을 느끼면 둘레와 같은 색으로 몸 색깔을 바꾸거나 먹물을 뿜고 피한다. 어미는 알을 낳은 뒤 새끼가 깨어날 때까지 여섯 달쯤 돌본다. 그동안 아무것도 안 먹어서 새끼들이 깨어날 때쯤이면 죽는다.

문어는 1년 내내 잡을 수 있지만 겨울 문어가 씨알이 더 굵고 좋다. 작은 옹기나 단지를 줄에 엮어서 바다에 던져 놓으면 문어가 제집인 줄 알고 들어간다. 옹기가 무겁고 잘 깨져서 요즘은 가벼운 플라스틱 단지를 많이 쓰는데, 문어가 붉은색을 좋아해서 단지도 붉은색이 많다. 낚시로도 잡는다. 문어는 데쳐서 얇게 썰어 먹는다. 문어를 데치면 검붉은색으로 변한다. 오징어처럼 말렸다가 오래 두고 먹기도 한다. 경상도에서는 삶은 문어를 잔칫상이나 제사상에 올린다.

연체동물 두족류 문어과
몸길이 60~300cm
다리 8개
먹이 새우, 게, 조개, 고둥
사는 곳 동해·남해·제주도 바다
잡는 때 1년 내내
특징 바위틈이나 구멍에 잘 들어간다.

해파리
해파래, 해포리, 무리실, 물옷, 물알

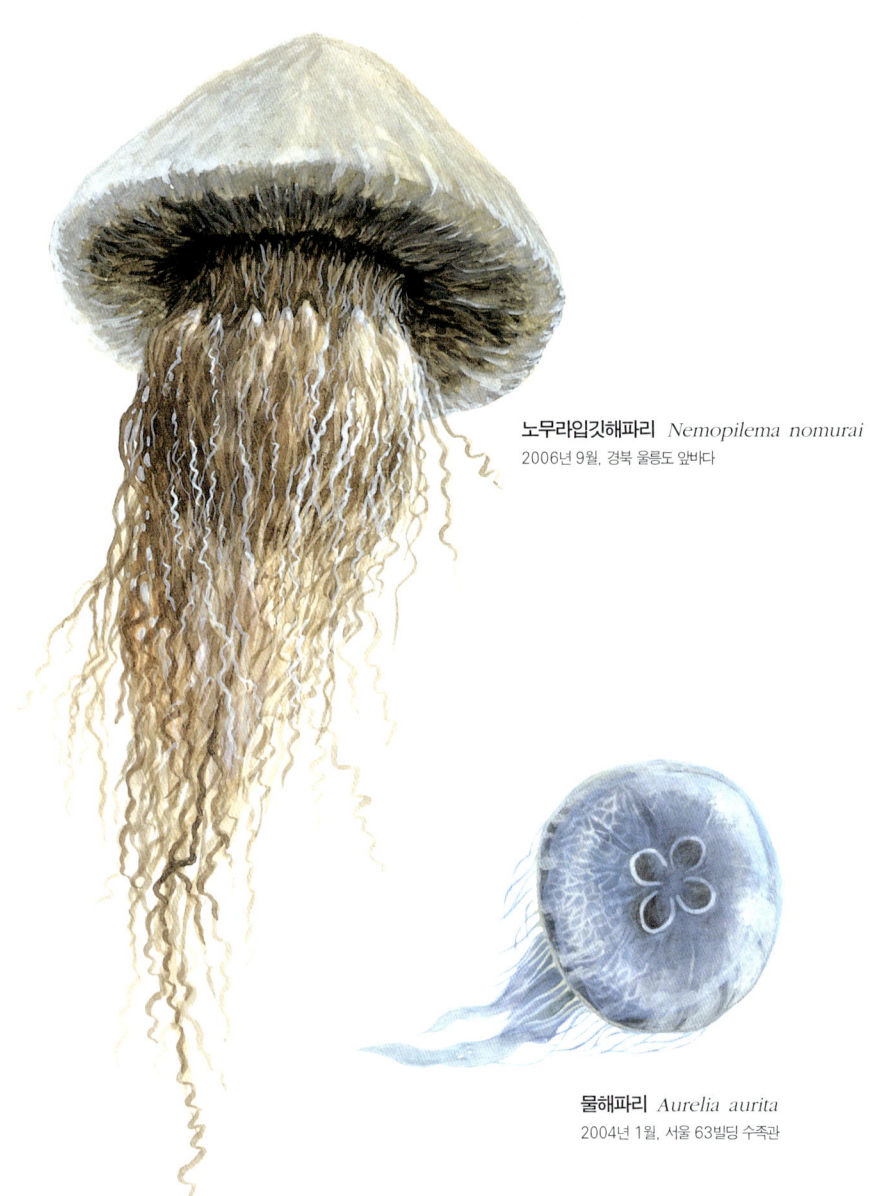

노무라입깃해파리 *Nemopilema nomurai*
2006년 9월, 경북 울릉도 앞바다

물해파리 *Aurelia aurita*
2004년 1월, 서울 63빌딩 수족관

해파리는 바닷속을 떠다니며 산다. 헤엄치는 힘이 약해서 물결이나 파도를 타고 흐느적흐느적 움직이기만 할 뿐 마음대로 방향을 바꾸지 못한다. 파도에 실려 바닷가로 밀려 나왔다가 바닥에 눌어붙어 죽기도 한다.

해파리는 몸이 젤리같이 투명하고 거의 물로 되어 있다. 몸통은 펼친 우산이나 삿갓처럼 생겼고 그 아래 촉수를 길게 늘어뜨리고 있다. 촉수에 독이 있어서 쏘이면 빨갛게 붓고 아프다. 촉수로 작은 물고기나 새우를 잡아먹고 플랑크톤을 걸러 먹는다. 살아 있을 때는 흐물흐물해 보이는데, 잡아서 소금을 뿌려 씻어 말리면 질기고 꼬들꼬들해진다. 이것으로 해파리냉채를 해 먹는다. 예전에는 바닷가에 해파리가 몰려들면 폭풍이 올 징조로 보고 배를 포구에 단단히 묶어 두었다.

노무라입깃해파리는 다 자라면 몸통 지름이 50cm쯤이고 촉수 길이가 3m나 되는 큰 해파리다. 몸무게가 200kg이나 나가는 큰 것도 있다. 몸통 안쪽은 모양이 일정하지 않은 덩어리가 복잡하게 얽혀 있고 둘레에 긴 촉수가 많이 나 있다. 늦봄부터 가을까지 우리나라 바다에 크게 무리를 지어 나타나는데, 남해안에서 많이 보인다. 촉수에 강한 독이 있어서 스치기만 해도 다친다. 보통 수면 가까이에서 볼 수 있는데, 바닷속으로 100m 아래까지 내려가서 살기도 한다. 그물에 걸리면 함께 잡힌 물고기한테 상처를 입힌다. 큰 것이 그물에 들면 무게 때문에 그물이 찢어지기도 한다. 그래서 어부들이 싫어한다.

노무라입깃해파리
자포동물 근구해파리과
몸통 지름 50cm쯤
촉수 길이 3m쯤
먹이 작은 물고기, 게, 새우
사는 곳 남해·동해·서해 바닷속
특징 촉수에 쏘이면 빨갛게 붓는다.

바다선인장 *Cavernularia obesa*

2000년 4월, 인천 무의도 하나개 해수욕장

바다선인장은 남해와 서해 모래 갯벌이나 바닷속 모랫바닥에서 산다. 곤봉처럼 생겼다. 몸통이 두 마디로 되어 있는데, 짧은 쪽을 모래 속에 박고 긴 쪽 일부만 위로 내놓고 있다. 연한 노란색이고 세로로 잔주름이 많이 나 있다. 몸통을 늘였다 줄였다 하는데 다 펴면 길이가 50cm를 넘기도 한다.

낮에는 모래 속에 숨어 있다가 밤에 밖으로 나와서 손처럼 생긴 촉수를 활짝 펼치고 온몸으로 빛을 낸다. 물에 떠다니는 작은 생물이나 플랑크톤을 촉수로 잡아먹는다.

자포동물 바다선인장과
몸길이 10cm 이상
먹이 플랑크톤이나 작은 생물
사는 곳 얕은 바다 모랫바닥
특징 밤에 빛을 낸다.

담황줄말미잘 *Haliplanella lucia*

2000년 9월, 전북 부안 모항 마을 앞장불 갯바위

촉수를 활짝 펼친 담황줄말미잘

담황줄말미잘은 갯바위에 붙어 산다. 바닷물이 따뜻한 서해와 남해 바닷가에서 많이 볼 수 있다. 갯벌에 박혀 있는 나무나 방파제에도 붙어 있는데, 훤히 드러난 곳보다 그늘지고 어두운 곳에 무리를 짓고 산다.

이름처럼 몸통에 귤색 줄무늬가 세로로 나 있다. 몸통은 짙은 초록색이다. 몸통을 동그랗게 오므리고 있을 때 건드리면 물을 찍 쏘면서 더 오므라든다. 만지면 물컹물컹하다. 바닷물이 들어오면 촉수를 활짝 펼치고 바닷물 속 영양분을 걸러 먹는다. 몸통 지름이 2cm쯤으로 말미잘 중에서 크기가 작은 편이다. 온 세계에 널리 퍼져 있다.

자포동물 줄말미잘과
몸통 지름 2~3cm
먹이 바닷물 속 영양분, 플랑크톤
사는 곳 서해·남해 갯바위와 물웅덩이
특징 건드리면 물을 찍 쏜다.

풀색꽃해변말미잘 바위꽃(북), 해양, 회양 *Anthopleura midori*

2001년 4월, 전북 부안 대항리

물이 빠진 뒤 촉수를 오므렸다. 몸통에
모래알과 조개껍데기 조각 따위가 붙어 있다.

풀색꽃해변말미잘은 모래 갯벌에서 산다. 모랫바닥이나 바위틈에 단단히 몸을 박고 있다. 바닷가 물웅덩이에서도 쉽게 볼 수 있다. 이름처럼 몸통이 풀색이고 촉수는 연한 노란빛을 띤다.

말미잘은 물이 들어오면 촉수를 활짝 펼치고 있다가 먹잇감이 지나가면 촉수에서 독을 쏘아 잡아먹는다. 말미잘 독은 사람한테는 해를 끼치지 않는다. 말미잘은 똥구멍이 따로 없어서 소화시키고 남은 찌꺼기를 다시 입으로 내보낸다. 물이 빠지면 촉수를 오므린다. 몸통에 굵은 모래알이나 조개껍데기 조각 따위를 붙여서 꾸미기 때문에 눈에 잘 띄지 않는다. 만지면 물컹물컹하다.

갯마을에서는 말미잘을 먹는다. '해양'이나 '회양'이라고 하는데, 호미나 칼로 캐서 깨끗이 다듬은 뒤 된장이나 고추장을 넣고 자작자작하게 지져 먹는다. 사철 나니까 늘 먹을 수 있다. 맛이 좋다. 싸각싸각 씹히고 달착지근한 맛이 난다. 제주도에서는 배 아플 때 캐다가 죽을 쑤어서 약으로 먹기도 했다. 북녘에서는 말미잘을 '바위꽃'이라고 한다.

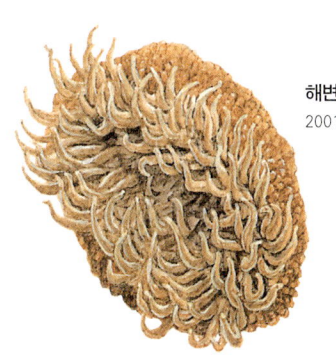

해변말미잘 Actiniidae
2001년 4월, 전북 부안 대항리

자포동물 해변말미잘과
몸통 지름 5cm쯤
먹이 작은 물고기, 게, 새우
사는 곳 모래 갯벌, 갯바위 물웅덩이
특징 먹을 수 있다.

개맛 푸른록조개(북) *Lingula unguis*

2000년 10월, 전북 변산 성천 마을

개맛은 서해와 남해 갯벌에서 흔하게 볼 수 있다. 몸통이 납작한 껍데기 두 장에 싸여 있고 근육질 발이 꼬리처럼 길게 달려 있다. 이 발을 '병부'라고 한다. 껍데기 위쪽에는 센털처럼 보이는 촉수들이 나 있다. 물이 들어오면 촉수로 플랑크톤을 잡아먹는다. 이런 모습으로 5억 년 동안이나 변함없이 살아왔다고 '살아 있는 화석'이라고 한다. 사는 곳에 따라 껍데기 빛깔이나 크기가 조금씩 다르다.

개맛은 조개처럼 생긴 몸통 일부를 갯바닥 위로 내놓고 갯바닥에 수직으로 서서 산다. 개맛이 갯벌에 묻혀 있을 때는 구멍이 바지락 구멍과 비슷하다. 바지락인 줄 알고 캐 보면 개맛이 나오기도 한다. 개맛은 못 먹는다. 껍데기에 푸른빛이 돌고 조개와 닮아서 북녘에서는 '푸른록조개'라고 한다.

완족동물 개맛과
껍데기 4×1.5cm
병부 길이 13cm
먹이 물속 플랑크톤과 유기물
사는 곳 서해·남해 갯벌
특징 꼬리 같은 발이 길게 달려 있다.

개불 모래굴치, 모래지네 *Urechis unicinctus*

2000년 10월, 전북 변산 성천 마을

개불은 갯지렁이 같은 환형동물에 가까운 동물이다. 서해와 남해 모래 갯벌에서 산다. 갯벌에 U자형 굴을 깊이 파고 사는데 굴 깊이는 얕게는 20cm부터 시작해서 깊은 것은 1m 가까이 된다. 개불은 몸이 둥근 통처럼 생겼고 온몸이 발갛고 물렁물렁하다. 몸을 늘였다 줄였다 해서 몸길이가 일정하지 않다. 긴 것은 30cm가 넘기도 한다. 겉으로 잘 안 보이지만 피부가 자디잔 돌기로 덮여 있다. 짧은 원뿔처럼 생긴 주둥이는 자유롭게 오므렸다 벌렸다 할 수 있다.

여름에는 갯바닥 속으로 1m 넘게 깊이 파고 들어가 여름잠을 자기 때문에 잡기가 힘들다. 겨울이 제철로 물이 빠졌을 때 삽으로 파서 잡는다. 썰어서 날로 먹는다. 싸각싸각하고 달고 담백한 맛이 난다. 잘게 질러서 낚시 미끼로도 쓴다.

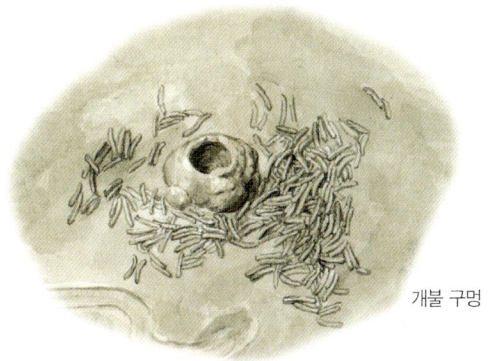

개불 구멍

의충동물 개불과
몸길이 10~30cm
먹이 모래 속 영양분과 미생물
사는 곳 서해·남해 모래 갯벌
잡는 때 늦가을~봄
특징 몸통을 늘였다 줄였다 한다.

갯지렁이 갯거시랑, 갯지네, 그시랑, 거시래이

날개갯지렁이 관 털보집갯지렁이 관 유령갯지렁이 관 괴물유령갯지렁이 관 * 이름 모름.

두토막눈썹참갯지렁이
Perinereis vancaurica tetradentata
2000년 10월, 전북 부안 모항 마을 뒷장불

갯지렁이는 '갯벌의 터줏대감'이라고 할 만큼 갯벌에 많이 산다. 몸이 가늘고 긴 원통 모양이고 몸 양쪽에 다리가 많이 나 있다. 굴이나 관 속에 숨어 있어서 실제로 보기는 어려운데, 모래 갯벌에서는 갯지렁이 관을 쉽게 볼 수 있다. 이 관을 이용해 갯지렁이가 갯벌 위로 나왔다 들어갔다 하는데, 관은 갯바닥 위로 조금만 나와 있고 나머지는 갯벌 속에 길게 이어져 있다. 모래알이나 잘게 부서진 조개껍데기 따위를 붙여서 정교하게 만든 것도 있다.

갯지렁이는 쉴 새 없이 갯벌에 구멍을 내고 들락거리면서 갯벌에 신선한 공기가 들어가게 해 준다. 지렁이가 밭을 기름지게 하듯이 갯지렁이는 갯벌이 썩지 않고 살아 있게 도와준다.

두토막눈썹참갯지렁이는 갯지렁이 가운데 무척 흔한 종이다. 뻘 갯벌에서 많이 살고 다른 갯벌에서도 볼 수 있다. 관을 따로 만들지 않고, 뻘 속을 헤집고 다니며 굴을 파고 산다. 몸에 푸른빛이 돈다고 '청지렁이'나 '청충'이라고 한다. 작지만 힘센 이빨로 다른 작은 무척추동물을 잡아먹는다. 사람도 물리면 따끔하니 아프다. 낚시 미끼로 쓰기 좋아서 사람들이 많이 잡는다.

미갑갯지렁이 Glyceridae
2000년 10월, 전북 변산 하섬 갯벌

두토막눈썹참갯지렁이
환형동물 다모류 참갯지렁이과
몸길이 10~200cm
먹이 뻘 속 아주 작은 동물
사는 곳 서해·남해 갯벌
특징 갯벌이 썩지 않게 도와준다.

거북손
자라손이(북), 보찰, 오봉호 *Pollicipes mitella*

2006년 9월, 경남 통영 앞바다

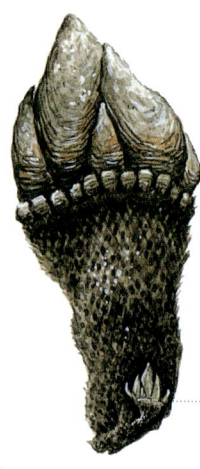

새끼가 자라고 있다.

거북손은 생김새나 빛깔이 거북의 손과 비슷하다고 이런 이름이 붙었다. 남해안과 제주도에서 많이 볼 수 있다. 물이 맑고 파도가 들이치는 갯바위 틈새에 무리를 지어 붙어 산다. 그늘진 곳을 좋아한다. 얼핏 보면 따개비와 비슷하게 생겼다. 몸통은 희거나 밝은 잿빛이고, 판 여러 개로 이루어져 있다. 다섯 개 산봉우리처럼 생겼다고 '오봉호'라고도 한다.

거북손은 물이 들어오면 딱딱한 판을 열고 갈퀴 같은 발을 내밀어서 바닷물에 떠다니는 플랑크톤을 걸러 먹는다. 몸통 아래쪽에 달린 자루는 뱀 껍질처럼 생겼는데, 보통 바위 틈새에 박혀 있어서 잘 안 보인다. 갯마을에서는 이 껍질을 벗기고 속살을 먹는데, 달고 담백한 맛이 난다. 날로 먹기도 하고, 시원하게 국을 끓여 먹기도 한다. 섬마을에서는 거북손을 '보찰'이라고도 하는데, 귀한 손님이 왔을 때 국을 끓여서 대접하기도 한다.

절지동물 갑각류 부처손과
몸통 길이 5cm쯤
먹이 바닷물 속 플랑크톤
사는 곳 갯바위 틈새
특징 맑은 바다에서만 볼 수 있다.

따개비 꾸적, 쩍, 굴등

고랑따개비 *Balanus albicostatus*
2001년 8월, 전북 부안 모항 마을 옥기장불 갯바위

빨강따개비 *Megabalanus rosa*
2000년 10월, 전북 변산 하섬 갯벌

 따개비는 바닷가 갯바위에 붙어서 산다. 바위나 돌은 물론 말뚝이나 조개껍데기나 배 밑창에도 잘 달라붙는다. 전라도에서는 따개비를 '쩍'이라고 하는데 배 밑에 따개비가 붙은 것을 보고 '쩍이 적게 슬었네, 많이 슬었네' 한다.
 어릴 때는 물에 떠다니며 살다가 곧 딱딱한 곳에 붙어서 단단한 껍데기를 만들고 평생 붙박여 산다. 바닷물이 빠졌을 때는 뚜껑을 꼭 닫고 있다가 물이 들어오면 뚜껑을 열고 갈퀴 같은 발을 내밀어서 물에 떠다니는 플랑크톤을 걸러 먹는다. 따개비는 암수한몸이다. 촘촘히 무리를 짓고 살면서 바로 옆에 있는 따개비가 낸 정액을 몸에 넣어 짝짓기를 한다.
 고랑따개비는 민물이 흘러드는 곳에 더 많은데 우리나라 모든 바닷가에서 흔하게 볼 수 있다. 빨강따개비는 고랑따개비보다 좀 더 깊은 물에 산다.

절지동물 갑각류 따개비과
밑동 지름 1~2cm
먹이 바닷물 속 영양분, 플랑크톤
사는 곳 갯바위, 말뚝, 배 밑창
특징 딱딱한 것에 잘 붙어 산다.

검은큰따개비 띠꾸지, 굴등, 굴통 *Tetraclita japonica*

2001년 8월, 전북 부안 대항리

　검은큰따개비는 이름처럼 빛깔이 거무튀튀하고 크다. 밑동 지름이 3cm쯤으로 커서 다른 작은 따개비가 검은큰따개비에 붙어서 살기도 한다. 봉긋하니 원뿔처럼 생겼고 맨 위에는 분화구 같은 구멍이 나 있다. 물이 맑고 파도가 들이치는 갯바위에 무리를 짓고 붙어 산다. 짙은 잿빛 껍데기는 무척 두껍고 단단해서 파도가 몰아쳐도 잘 부서지지 않는다. 남해안에서는 흔하게 볼 수 있지만 서해에는 드물어서 뭍에서 멀리 떨어진 갯바위에서나 볼 수 있다.

　갯마을에서는 검은큰따개비를 '띠꾸지'나 '굴통'이라고 하면서 먹기도 한다. 호미나 낫으로 윗부분을 쳐내고 칼로 속살을 도려낸다. 국을 끓이면 담백하고 시원한 맛을 낸다. 살이 통통하게 여무는 여름에 많이 먹는다.

절지동물 갑각류 사각따개비과
밑동 지름 3cm쯤
먹이 바닷물 속 영양분, 플랑크톤
사는 곳 물이 잘 들이치는 갯바위
먹는 때 늦봄~여름
특징 먹을 수 있다.

검은띠불가사리
삼바리(북), 오바리, 별, 물방석 *Luidia quinaria*

2001년 8월, 전북 부안 모항 마을 앞장불

    검은띠불가사리는 우리나라 모든 바다에서 산다. 색깔은 잿빛이고 이름처럼 몸통에서 팔 끝까지 검은 띠가 이어진다. 만져 보면 매끈하다. 가늘고 긴 팔이 다섯 개이고, 팔을 포함해 몸길이가 10cm쯤이다. 썰물 때 몸이 드러나면 갯바닥에 얕게 들어가서 다음 밀물 때까지 버틴다.

    불가사리는 해삼이나 성게 같은 극피동물이고 몸이 딱딱한 뼛조각으로 덮여 있다. 팔이 잘 끊어지는데 살아나는 힘이 세서 몸통이 조금만 남아 있어도 다시 온전하게 자란다. 건드리면 꼼짝 않고 죽은 척한다. 먹성이 좋아서 조개나 전복이나 바닷말을 가리지 않고 먹어 치운다. 그래서 조개나 미역을 기르는 사람들은 불가사리를 싫어한다. 불가사리는 썩으면서 고약한 냄새가 나지만 밭에서는 훌륭한 거름으로 쓸 수 있다. 발이 다섯 개라고 '오바리'라고도 하고, 별 같다고 '별'이라고도 한다.

극피동물 검은띠불가사리과
몸길이 10cm쯤
먹이 조개, 고둥, 바닷말
사는 곳 갯벌이나 바닷속
특징 몸에 검은 띠가 나 있다.

아무르불가사리

오바리, 삼바리, 별, 물방석 *Asterias amurensis*

배 쪽. 셀 수 없이 많은 관족과 돌기가 달려 있다.

2000년 10월, 전북 변산 하섬 갯벌

아무르불가사리는 러시아에서 들어온 외래종이다. 우리나라 바다에 널리 퍼져 살고 있고 가장 흔하게 볼 수 있는 불가사리다. 등 쪽은 고운 보랏빛이고 짧고 통통한 가시로 덮여 있다. 가늘고 긴 팔이 4~6개 달려 있는데, 크기가 커서 몸길이가 30cm나 되는 것도 있다. 덩치가 큰 편인 데다 움직임도 빨라서 먹잇감이 보이면 닥치는 대로 먹어 치운다. 아무르불가사리 떼가 한 번 지나가면 '싹 쓸고 지나간다'고 할 정도다. 먹이가 있는 곳이면 어디든 가리지 않고 무리를 지어 옮겨 다닌다. 조개를 보면 팔로 조개를 감싼 뒤 꽉 다물고 있는 조개 입을 강제로 벌리고 조갯살을 녹여서 먹어 버린다.

아무르불가사리는 추운 곳에서 온 것이라 물이 차가운 겨울에 활발하게 움직이고, 물이 따뜻해지는 여름에는 바닷속 깊은 데로 내려가 덜 움직이거나 여름잠을 잔다. 봄에 알을 낳는다.

극피동물 불가사리과
몸길이 10cm 이상
먹이 조개, 고둥, 바닷말
사는 곳 바닷속이나 갯벌
특징 이것저것 닥치는 대로 먹어 치운다.

별불가사리   알땅구(북), 별, 오바리, 삼바리, 물방석 *Asterina pectinifera*

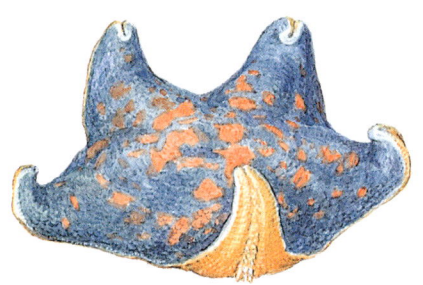

2000년 10월, 전북 부안 변산 해수욕장

별불가사리는 우리나라 토박이 불가사리다. 별처럼 생겼다고 이런 이름이 붙었다. 갯벌이나 바닷속에서 흔하게 볼 수 있다. 물웅덩이에서 꼼짝 않고 있기도 하고 파도가 찰랑이는 바위에도 많이 붙어 있다. 색은 파란색이나 붉은색이 많고 주홍빛 점이 흩어져 있다.

별불가사리는 팔이 짧고 움직임이 둔해서 살아 있는 먹잇감을 잘 못 잡는다. 그래서 죽은 물고기나 썩어 가는 조개 따위를 주로 먹는데, 먹을 것이 없으면 살아 있는 생물을 공격하기도 하고 저희끼리 서로 잡아먹기도 한다. 물이 따뜻해지는 여름에 식욕이 왕성해져서 많이 먹어 댄다.

파도 때문에 몸이 뒤집히면 잘 발달된 관족을 써서 재빨리 몸을 다시 뒤집는다. 관족은 속이 빈 관인데 다리나 발 구실을 하고, 늘었다 줄었다 한다. 북녘에서는 '알땅구'라고 한다.

극피동물 별불가사리과
몸길이 5~7cm
먹이 죽은 물고기, 썩은 조개, 바닷말
사는 곳 바닷속이나 갯벌
특징 썩은 먹이를 먹는다.

가시거미불가사리
거미삼바리(북), 오바리 Ophiotrichidae

2001년 5월, 인천 영종도

　가시거미불가사리는 우리가 흔하게 보는 불가사리와 많이 다르게 생겼다. 온몸이 작은 비늘로 덮여 있고 팔 다섯 개가 거미발처럼 아주 가늘고 길어서 이런 이름이 붙었다. 팔이 다른 불가사리보다 약하다. 바다 밑에서 살고 돌 밑이나 다른 동물에 붙어 살기도 하고 바닷말 사이에서도 산다. 갯벌에서도 볼 수 있다.

　가시거미불가사리는 긴 팔을 써서 다른 불가사리보다 훨씬 빠르게 움직일 수 있다. 팔로 바닥을 더듬어 먹이를 찾아 먹는다. 갯바닥을 뒤지고 다니면서 개흙 속에 들어 있는 플랑크톤이나 영양분을 먹는다고 '바다지렁이'라고도 한다. 북녘에서는 '거미삼바리'라고 한다.

극피동물 가시거미불가사리과
몸길이 20cm쯤
먹이 개흙 속 플랑크톤이나 영양분
사는 곳 바닷속 모랫바닥, 갯벌
특징 팔이 가늘고 길다.

분지성게 밤송이, 섬게, 물밤, 알땅구, 안밤생이, 퀴, 구살 Temnopleuridae

2000년 9월, 전북 부안 아홉구미

가시가 떨어지고 남은 분지성게 몸통

　분지성게는 수심 5m쯤 되는 얕은 바닷속 모래진흙 바닥에서 무리를 짓고 산다. 밝은 밤색이고, 온몸에 뾰족한 가시가 나 있어서 갯마을에서는 '밤송이' 라고도 한다. 가시는 길이가 긴 것과 짧은 것이 고르게 섞여 나 있다. 가시는 부러지면 곧 또 생긴다. 가시 사이사이에는 관족이 있다. 성게는 가시와 관족을 써서 이동하고, 관족 끝이 빨판으로 되어 있어서 바위 같은 데도 잘 붙는다. 몸통 아래쪽에 입이 있고 위쪽에 똥구멍이 있다.

　분지성게는 밤에 나와서 갯바닥 영양분을 긁어 먹거나 바닷말을 갉아 먹는다. 동해나 남해에서 잠수부가 바닷속에 들어가서 주워 오고, 서해에서는 썰물 때 갯벌에 나온 것을 줍는다. 성게 알은 부드럽고 향긋하며 달착지근하고 담백한 맛이 난다. 날로 먹거나 국을 끓여 먹는다.

극피동물 분지성게과
몸통 지름 5cm, 가시 길이 1cm
먹이 개흙 속 영양분이나 바닷말
사는 곳 얕은 바닷속, 갯바위
특징 밤송이같이 생겼다.

보라성게
밤송이, 섬게, 물밤, 알땅구, 퀴, 구살 Anthocidaris crassispina

입

뒤집어 놓은 보라성게
2004년 1월, 강원 속초 대포항

보라성게는 바다 밑에서 촘촘하게 무리 지어 산다. 우리나라에서 가장 흔한 성게로 서해보다 동해와 남해, 제주도에 많다. 몸통이 단단하고 짙은 보랏빛이다. 밤송이같이 생겼는데, 가시가 크고 날카롭고 단단하다. 몸통 길이만큼 긴 가시도 있다. 가시 끝에 독이 있어서 찔리면 오랫동안 아프다. 가시 사이에 있는 관족은 가시보다 더 길게 늘어나는데, 몸이 뒤집히면 관족을 써서 재빨리 몸을 바로 세운다. 아래쪽 가운데에 입이 있다.

보라성게는 미역이나 다시마 같은 바닷말을 즐겨 먹는다. 바위에 붙어 있는 영양분을 긁어 먹기도 하고 먹을 것이 없으면 죽은 물고기도 먹는다. 낮에는 빛이 들어오지 않는 바위틈에 있다가 밤에 바닷말을 뜯어 먹으려고 기어 나온다. 노란 보라성게 알은 날로 많이 먹는다. 제주도에서는 성게 알을 넣고 미역국을 끓여 먹는다. 알을 낳는 여름이 제철이다.

극피동물 만두성게과
몸통 지름 5cm, 가시 길이 5cm쯤
먹이 바닷말, 죽은 물고기
사는 곳 바닷속 갯바위
특징 가장 흔한 성게로 가시가 길다.

염통성게 밤송이, 솜 *Schizaster lacunosus*

가시가 떨어지고 남은
염통성게 몸통

2001년 4월, 전북 부안 대항리

　염통성게는 10~20m 바닷속 모래진흙 바닥에서 산다. 보통 성게보다 작아서 몸통 지름이 2~3cm밖에 안 된다. 모래진흙 속에 얕게 묻혀 있거나, 모래를 뒤집어쓴 채 천천히 기어 다니면서 바닥에 있는 유기물을 긁어 먹는다. 썰물 때 물 빠진 갯벌 위에 나와 있기도 하지만 보기가 쉽지 않다.

　염통성게는 온몸이 노랗고, 가늘고 긴 가시로 덮여 있다. 가시가 억세지 않고 껍데기도 얇아서 잘 깨진다. 몸통이 타원형인데 보는 방향에 따라서 모양이 조금씩 다르다. 제주도에서는 '솜'이라고 한다. 염통성게는 안 먹는다.

극피동물 염통성게과
몸통 지름 2~3cm
먹이 모래 속 영양분이나 미생물
사는 곳 바닷속 모래진흙 바닥
특징 안 먹는다.

해삼 미

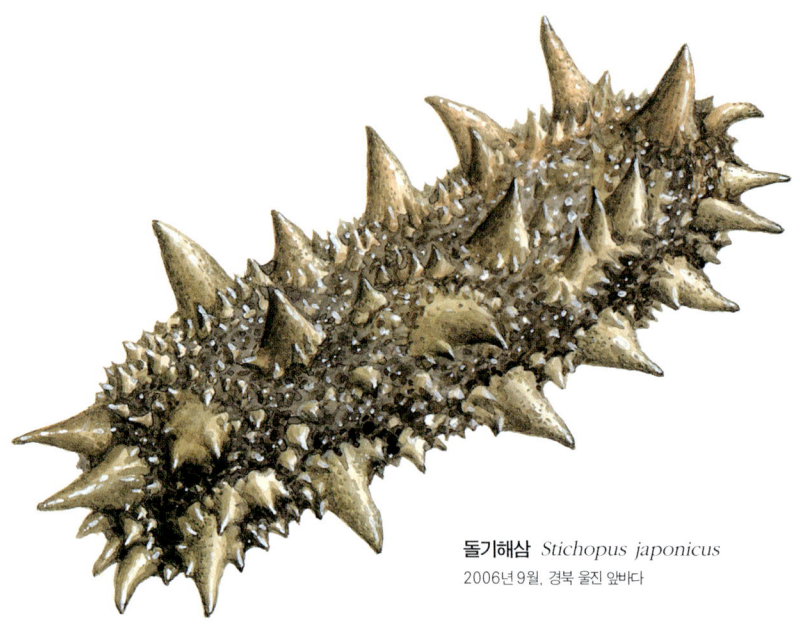

돌기해삼 *Stichopus japonicus*
2006년 9월, 경북 울진 앞바다

해삼이 뻘을 먹고 똥을 눴다.
2001년 4월, 전북 부안 대항리

해삼은 바다 밑에서 산다. 물이 빠지면 바닷가 바위나 돌 밑에서도 볼 수 있다. 바다에서 나는 인삼이라고 '해삼'이라고 한다. 해삼은 온몸에 돌기가 나 있다. 헤엄을 못 치고, 몸놀림이 둔하며, 배 아래 달린 관족을 써서 기어 다닌다. 몸이 연해서 단단한 것에 부딪히면 내장이 잘 터진다. 또 적이 나타나면 똥구멍으로 내장을 내보내고 적이 내장을 먹는 사이에 달아난다. 없어진 내장은 한 달쯤 지나면 온전하게 다시 생긴다.

돌기해삼은 해삼 가운데 널리 알려진 종으로 시장이나 가게에서 흔하게 볼 수 있다. 이름처럼 몸에 돌기가 많은데, 큼직한 돌기들이 솟아 있고 그 사이사이에 작은 혹들이 많이 나 있다. 색깔은 밤색이나 푸른색이 많다. 바닷속 바위나 뻘바닥에 고루 산다. 잡식성이어서 모래나 뻘, 바닷말, 바위 유기물, 썩은 먹이 따위를 가리지 않고 먹는다. 입 쪽에 있는 촉수를 길게 뻗어 바닥에 쌓인 뻘이나 모래를 삼킨 뒤 영양분만 소화시키고 나머지는 똥구멍으로 내보낸다. 봄에서 초여름에 걸쳐 알을 낳고, 무더운 한여름에는 깊은 바다로 내려가 여름잠을 잔다.

해삼은 겨울에서 봄 사이가 제철이다. 버리는 것 없이 다 먹는다. 짭짤하면서 오독오독 씹히는 맛이 좋아서 날로 많이 먹고, 말렸다가 오래 두고 먹기도 한다. 내장으로는 젓갈을 담가 먹는다. 제주도에서는 해삼을 '미'라고 한다.

돌기해삼
극피동물 돌기해삼과
몸길이 5~20cm
먹이 모래나 뻘 속 영양분
잡는 때 겨울~봄
사는 곳 2~10m 바닷속
특징 몸에 돌기가 나 있다.

가시닻해삼 갯거시랑 *Protankyra bidentata*

2000년 10월, 전북 변산 하섬 갯벌

　가시닻해삼은 모래와 뻘이 섞인 서해와 남해 갯벌에 얕게 묻혀서 산다. 빛깔이 희거나 옅은 분홍색이고 반투명하게 보인다. 길이 방향으로 굵은 줄무늬가 나 있다. 몸통이 원통 모양이고 길어서 통통한 지렁이같이 생겼다. 몸을 마음대로 늘였다 줄였다 하기 때문에 몸길이가 그때그때 다르다.

　갯바닥 속으로 5~10cm쯤 파고 들어가서 옮겨 다니며 모래나 뻘 속에 들어 있는 먹이를 먹는다. 공격을 당하면 몸의 일부를 스스로 떼어 내는데, 끊어진 토막은 다시 자라서 온전한 몸이 된다. 요즘 부쩍 늘어나서 물 빠진 갯벌에서 자주 볼 수 있다.

극피동물 닻해삼과
몸길이 10cm쯤
먹이 모래나 뻘 속 영양분
사는 곳 서해·남해 갯벌
특징 통통한 지렁이같이 생겼다.

미더덕 *Styela clava*

2001년 4월, 전북 부안 모항 해수욕장 갯바위

껍질을 벗긴 미더덕
2006년 9월, 서울 노량진 수산시장

미더덕은 바닷속 바위에 거꾸로 붙어 산다. 남해에 많다. 몸통 아래쪽에 긴 자루가 달려 있는데 자루 끝을 바위에 꼭 붙이고 있다. 자루는 어릴 때는 짧다가 자라면서 길어진다. 껍질은 얇은데 가죽처럼 질기고 딱딱하다. 색깔은 누런 갈색이고 겉이 오톨도톨하다. 물을 빨아들이고 내보내는 구멍으로 물속 플랑크톤이나 영양분을 걸러 먹는다. 바다에서 나는 더덕같이 생겼다고 '미더덕'이라는 이름이 붙었다.

미더덕은 껍질을 벗기고 먹는다. 알이 차는 4~5월이 가장 맛이 좋다. 국에 넣어 먹거나 쪄 먹는다. 오도독 씹히는 맛이 좋고 독특한 향이 난다. 양식을 많이 한다.

척삭동물 미더덕과
몸길이 5~10cm (자루 포함)
먹이 바닷물 속 영양분과 플랑크톤
사는 곳 남해·서해
따는 때 4~5월
특징 더덕같이 생겼다고 '미더덕'이다.

멍게
우렁쉥이, 돌멍게, 참멍게 *Halocynthia roretzi*

2004년 1월, 강원 속초 대포항

붉은멍게 *H. aurantium*
속초에서는 몸통이 매끄럽고 곱다고
'비단멍게'라고 한다.

멍게는 수심 5~20m쯤 되는 바닷속 바위에서 무리를 짓고 산다. 물이 맑은 바다를 좋아한다. 남해와 제주도와 동해에 많은데 '우렁쉥이'라고도 한다. 색깔은 붉고, 큼직한 혹이 볼록볼록 거칠게 솟아 있다. 몸 아래쪽에 있는 풀뿌리처럼 생긴 것으로 바위에 단단히 붙어서 산다. 껍질이 가죽처럼 두껍고 질기고 단단하다. 사람이 일부러 기른 것은 껍질이 얇고 부드러우며 혹도 작다. 속살은 물렁물렁하다.

멍게는 건드리면 물총처럼 물을 내뿜는다. 몸 위쪽에 젖꼭지같이 생긴 구멍이 두 개 있는데, 하나는 바닷물을 빨아들이는 입수공이고 다른 하나는 내보내는 출수공이다. 출수공이 입수공보다 크고, 낮게 솟아 있다. 물속에서 보는 멍게와 물 밖에서 보는 멍게는 생김새가 퍽 다르다. 물속에서는 입수공과 출수공을 활짝 열고 있지만, 물 밖으로 나오면 두 구멍을 꼭 닫은 채 몸을 단단하게 오그린다. 출수공은 걸러진 바닷물을 내뿜기도 하고, 새끼를 치려고 정자와 난자를 뿜어내기도 한다. 출수공으로 나온 정자와 난자는 물속에서 수정이 되어 떠다니다가 바위 같은 단단한 것에 달라붙어 자란다.

멍게는 여름이 제철이다. 상큼하고 향긋한 맛이 나서 날로 많이 먹는다. 자연산은 드물고, 양식을 많이 한다.

척삭동물 멍게과
몸길이 10cm
먹이 바닷물 속 영양분과 플랑크톤
사는 곳 남해·제주도·동해 바닷속
따는 때 여름
특징 몸통에 큼직한 혹들이 솟아 있다.

베도라치

꼬또라지, 뽀드락지, 뱅어, 실치, 병아리 *Pholis* sp.

2003년 3월, 경남 통영 연명 마을

베도라치는 얕은 바다나 물웅덩이 바위틈에서 산다. 파도가 들이치는 바닷가 자갈밭에서도 볼 수 있다. 몸이 미꾸라지처럼 미끈하고 길며 옆으로 납작하다. 긴 몸통을 따라 지느러미가 길게 나 있다. 색깔은 잿빛이 도는 밤색이며 얼룩무늬가 있는데 저마다 조금씩 다르다.

베도라치는 알을 9~10월에 낳는다. 어미는 덩어리진 알을 몸으로 감싸서 돌본다. 베도라치는 푹 고아서 침을 자꾸 흘리고 다니는 아이에게 약으로 먹이기도 했다.

척추동물 어류 농어목 황줄베도라치과
몸길이 15cm쯤
먹이 작은 새우, 갯지렁이, 물고기 알
사는 곳 바닷속, 바닷가 물웅덩이
특징 미꾸라지처럼 생겼다.

풀망둑

망둥어, 망둥이, 문저리, 꼬시래기 *Synechogobius hasta*

2000년 10월, 전북 부안 모항 해수욕장 물웅덩이

풀망둑은 서해와 남해 얕은 바다에서 산다. 흔히 '망둥이'라고 한다. 입이 크고 입술이 두툼하다. 눈은 작고 머리가 위아래로 납작하다. 먹성이 좋아서 작은 물고기나 게나 갯지렁이를 닥치는 대로 잡아먹는다. 겨울에 뻘 속에 있다가 이듬해 봄에 나와서 짝짓기를 한다. 짝짓기를 마치면 거의 뼈만 남고 약해져서 얼마 못 산다. 전라도에서는 몸이 비쩍 마른 사람더러 '3월 풀망둑 같다'고 놀린다.

풀망둑은 물 들어올 때 바닷가에서 낚시로 잡는다. 갯가에 쳐 둔 그물에도 잘 걸린다. 국을 끓여 먹거나 구워 먹는다. 풀망둑이 많이 잡히면 말려서 오래 두고 먹는다. 말린 것은 '문저리'라고 한다. 경상남도 울산 갯마을에서는 '꼬시래기'라고 한다.

척추동물 어류 농어목 망둑어과
몸길이 40cm쯤
먹이 작은 물고기, 게, 갯지렁이
잡는 때 봄, 가을
사는 곳 서해·남해 얕은 바다
특징 서해와 남해 바닷가에서 잡힌다.

말뚝망둥어 불래 *Periophthalmus modestus*

2000년 9월, 전북 부안 모항 마을 뒷장불

말뚝망둥어는 나무 말뚝에 잘 올라가서 '말뚝망둥어'라는 이름이 붙었다. 뭍에서 가까운 촉촉한 뻘 갯벌에 구멍을 파고 산다. 몸길이가 10cm쯤 되는 작은 물고기로, 몸 색깔이 갯벌 색과 비슷해서 눈에 잘 띄지 않는다. 눈이 머리 위쪽에 툭 튀어나왔고 서로 바짝 붙어 있다. 주둥이는 짧고 둔하게 생겼다.

물고기는 보통 물속에서 아가미로 숨을 쉬지만 말뚝망둥어는 공기 호흡을 하기 때문에 물 밖에서도 잘 산다. 가슴지느러미와 꼬리지느러미가 발달해서 갯바닥을 기어 다니거나 펄쩍펄쩍 뛰어다닌다. 물 위를 스치듯 내달리기도 한다. 헤엄은 잘 못 친다. 갯지렁이나 작은 새우 따위를 닥치는 대로 잡아먹고, 겨울에는 뻘 속으로 들어가 겨울잠을 잔다. 예전에는 국을 끓여 먹었는데 요즘에는 잘 안 먹는다.

척추동물 어류 농어목 망둑어과
몸길이 10cm쯤
먹이 갯지렁이, 새우, 조개
사는 곳 서해·남해 뻘 갯벌
특징 뻘밭에서 기어 다닌다.

짱뚱어

잠퉁이, 잠둥어 *Boleophthalmus pectinirostris*

2004년 8월, 전남 벌교 장암 포구

　짱뚱어는 질척질척한 뻘 갯벌에 구멍을 파고 산다. 짙은 잿빛 몸통에 파란 점이 많이 나 있다. 가슴지느러미를 다리처럼 써서 뻘밭을 기어 다니고 펄쩍펄쩍 뛰어오른다. 짝짓기 철에는 수컷이 연달아 높이 뛰어오르고 등지느러미를 쫙 펼쳐 암컷을 유혹한다.

　짱뚱어는 낮에 구멍을 들락날락하면서 먹이를 잡아먹다가 해지기 한두 시간 전부터 구멍을 덮고 숨는다. 첫 서리가 내리는 11월부터 이듬해 4월까지 뻘 속에 들어가 겨울잠을 잔다. 겨울잠을 오래 잔다고 '잠퉁이'라고도 한다.

　짱뚱어는 긴 줄이 달린 낚싯대로 낚아채서 잡는다. 뻘밭에 들어가 삽으로 파서 잡기도 한다. 비린내가 안 나고 영양이 많아서 국을 끓여 먹는다.

척추동물 어류 농어목 망둑어과
몸길이 15~20cm
먹이 뻘 속 영양분이나 미생물
사는 곳 서해·남해 뻘 갯벌
잡는 때 여름~가을
특징 국을 끓여 먹는다.

저어새 검은뺨저어새(북) *Platalea minor*

저어새는 서해안 갯벌에 찾아오는 무척 귀한 여름 철새다. 주걱처럼 생긴 길고 납작한 부리가 특징이다. 기다란 부리를 양 옆으로 저으면서 먹이를 찾아 먹는다고 이름이 '저어새'이다. 몸이 희고 부리와 다리는 검다. 얼굴이 검다고 북녘에서는 '검은뺨저어새'라고 한다.

썰물 때 물을 따라가며 먹이를 찾아 먹고, 밀물 때는 물결이 밀려오는 쪽으로 물마중을 나가 먹이를 먹으며 돌아온다. 물속을 걸어 다니면서 작은 물고기나 새우 따위를 잡아먹는다. 아주 드물고 귀해서 천연기념물로 정했다. 온 세계에서 지키려고 애쓰는 멸종위기종이다.

척추동물 조류 황새목 저어새과
몸길이 74cm쯤
먹이 작은 물고기, 새우
날아오는 곳 갯벌, 강어귀
특징 부리를 저어 먹이를 찾아 먹는다.

혹부리오리 꽃진경이(북) *Tadorna tadorna*

 혹부리오리는 갯벌과 강어귀에 찾아오는 겨울 철새다. 짝짓기할 무렵 수컷 부리에 있는 혹이 커져서 '혹부리오리'라고 한다. 머리는 어두운 초록색인데 윤기가 돈다. 부리와 다리는 붉은색이고 등에서 배까지 넓은 밤색 띠가 있다.

 혹부리오리는 낮에 갯벌에 서서 얕은 물에 머리를 박고 조개나 고둥이나 작은 물고기를 잡아먹는다. 작은 조개는 껍네기째 부숴어 먹는다. 파래도 먹는다. 날이 추우면 강어귀 모래밭에 한쪽 다리로 서서 머리를 등 깃에 묻고 쉬거나 잠을 자기도 한다. 북녘에서는 '꽃진경이'라고 한다.

척추동물 조류 기러기목 오리과
몸길이 63cm쯤
먹이 고둥, 작은 물고기, 벌레, 파래
날아오는 곳 갯벌, 강어귀
특징 짝짓기 때 부리에 있는 혹이 커진다.

검은머리물떼새 긴부리까치도요(북) *Haemantopus ostralegus*

검은머리물떼새는 흔하지 않은 텃새로 바위와 모래가 많은 바닷가나 강어귀에서 짝을 짓고 산다. 머리와 등은 검고 부리는 빨갛고 배는 하얗다. 갯벌에 뾰족한 부리를 깊숙이 박고 갯지렁이나 작은 게를 잡아먹는다. 조개가 입을 벌리고 있을 때 살을 재빨리 떼어 먹거나, 조개껍데기 사이에 부리를 넣고 비틀어 열어서 먹기도 한다. 멀리서 먹잇감을 눈으로 먼저 찾아낸 뒤 잽싸게 다가가 집게 같은 부리로 잡아챈다.

4~5월에 짝짓기를 하는데 이때 수컷이 암컷 앞에서 머리를 숙이고 부리를 양옆으로 흔들어 댄다. 암수가 함께 바위나 풀밭에 둥지를 틀고 얼룩무늬가 있는 알을 두세 개 낳는다. 북녘에서는 '긴부리까치도요'라고 한다.

척추동물 조류 도요목 검은머리물떼새과
몸길이 45cm쯤
먹이 갯지렁이, 어린 조개, 게, 물고기
사는 곳 갯벌, 섬, 강어귀
특징 머리가 까맣고 부리는 빨갛다.

댕기물떼새 쟁개비(북) *Vanellus vanellus*

　댕기물떼새는 갯벌이나 강어귀 모래밭에 많이 날아오는 겨울 철새다. 냇가나 논에서도 볼 수 있다. 머리 뒤쪽에 있는 길고 깜찍한 검은 장식깃이 댕기 같아서 '댕기물떼새'라는 이름이 붙었다. 등과 날개는 윤이 나는 푸른색이고, 가슴에는 폭이 넓은 검은 띠가 있다. 몸 빛깔이 곱다. 날개는 둥글고 넓다. 날 때 보면 날개 끝이 둥근 모양이다.

　댕기물떼새는 서너 마리씩 작은 무리를 짓기도 하고 50~200마리씩 큰 무리를 이루기도 한다. 날갯짓이 느리고, 무리 지어 날 때 줄지어 날지 않는다. 지렁이나 벌레를 잡아먹고 풀씨도 먹는다. 북녘에서는 '쟁개비'라고 한다.

척추동물 조류 도요목 물떼새과
몸길이 30cm쯤
먹이 곤충, 지렁이, 갯지렁이, 풀씨
날아오는 곳 갯벌, 강어귀, 냇가, 논
특징 머리 뒤에 검은 장식깃이 나 있다.

민물도요 갯도요(북) *Calidris alpina*

민물도요는 가을부터 봄 사이에 갯벌이나 염전, 강어귀, 논, 저수지에서 쉽게 볼 수 있는 겨울 철새다. 도요 가운데 가장 흔한 종으로 이름과 달리 바닷가에서 아주 멀리 떨어진 뭍에서는 보기 힘들다. 몸 색깔이 갯벌 색에 가깝다. 몸길이는 20cm쯤 되는데 도요새 중에서 작은 편에 든다. 부리 끝이 아래로 조금 휘어서 갯벌을 파기 좋다. 적게는 수십 마리에서 많게는 수천 수만 마리까지 무리를 짓고 다닌다. 물이 빠질 때 물을 따라가면서 갯바닥을 콕콕 부리로 찍어 먹이를 찾아 먹는다. 조개나 갯지렁이나 게 따위를 파먹고 종종걸음을 잘 친다. 북녘에서는 '갯도요'라고 한다.

척추동물 조류 도요목 도요새과
몸길이 20cm쯤
먹이 조개, 갯지렁이, 게, 작은 물고기
날아오는 곳 갯벌, 염전, 강어귀, 저수지
특징 도요새 중에 가장 흔한 종이다.

알락꼬리마도요 되깽이 *Numenius madagascariensis*

알락꼬리마도요는 봄과 가을에 우리나라에 잠깐 머물렀다 가는 나그네새다. 서해안 갯벌이나 강어귀에서 볼 수 있고, 색깔이 갯벌이나 강어귀 진흙과 비슷한 잿빛이다. 몸길이가 63cm쯤으로 도요새 가운데 큰 편이다. 부리가 무척 크고 길며 아래로 휘어진 것이 특징이다. 긴 다리로 갯벌이나 얕은 물가를 성큼성큼 걸어 다니다가 먹이를 발견하면 긴 부리를 뻘 속에 찔러 넣는다. 게를 잡아먹을 때는 뻘 속에서 게를 파낸 뒤 입에 물고 흔들어서 다리를 떼어 내고 먹는다. 수가 많지 않고 귀해서 환경부에서 보호종으로 정했다.

척추동물 조류 도요목 도요새과
몸길이 63cm쯤
먹이 게, 조개, 갯지렁이, 작은 물고기
날아오는 곳 갯벌, 강어귀, 염전
특징 크고 긴 부리가 아래로 휘어졌다.

괭이갈매기
검은꼬리갈매기(북), 갈마구, 갈매이 *Larus crassirostris*

괭이갈매기는 바닷가에서 흔하게 볼 수 있는 텃새다. 울음소리가 고양이 같다고 '괭이갈매기'라고 한다. 부리는 노랗고 끝에 붉은 띠와 검은 띠가 있다. 꼬리 끝에 검은 띠가 있어서 북녘에서는 '검은꼬리갈매기'라고 한다. 괭이갈매기는 이것저것 가리지 않고 잘 먹는 잡식성이다. 고기잡이배를 쫓아다니면서 물고기를 얻어먹기도 하고 물고기 찌꺼기를 먹으려고 포구로 몰려들기도 한다. 사람들이 던져 주는 과자 부스러기도 곧잘 받아먹는다.

괭이갈매기는 봄에 바위가 있는 섬에 모여서 알을 낳는다. 벼랑 위 오목한 곳이나 나무 밑동에 마른풀이나 나무 조각이나 깃털로 엉성하게 둥지를 튼다. 둥지 가까이에 다른 새가 오면 쫓아낸다.

척추동물 조류 도요목 갈매기과
몸길이 47cm쯤
먹이 물고기, 게, 쥐, 음식물 찌꺼기
사는 곳 바닷가, 무인도, 항구, 강어귀
특징 울음소리가 고양이와 비슷하다.

붉은부리갈매기 갈마구, 갈매이, 갈미기 *Larus ridibundus*

붉은부리갈매기는 바닷가에서 흔히 볼 수 있는 겨울 철새다. 갈매기 가운데 작은 편이고, 이름처럼 부리가 붉고 다리도 붉다. 몸은 희다. 붉은부리갈매기는 물에 떠 있을 때가 많다. 물 위에서 껑충거리며 물갈퀴를 움직여서 먹이를 떠올려 잡는다. 갯벌에서 걸어 다니며 먹이를 찾기도 하고 고기잡이하는 곳에 날아와 버린 물고기도 먹는다. 쉴 때는 바위나 둑이나 배 위에서 바람이 불어오는 쪽을 보고 서 있고는 한다.

척추동물 조류 도요목 갈매기과
몸길이 40cm쯤
먹이 물고기, 갯지렁이, 쥐, 음식물
날아오는 곳 갯벌, 항구, 강어귀
특징 부리가 붉고 물에 자주 떠 있다.

쇠제비갈매기

흰이마쇠갈매기, 쇠갈매기, 갈마구 *Sterna albifrons*

    쇠제비갈매기는 바닷가나 강가 모래밭에서 흔히 볼 수 있는 여름 철새다. 몸길이가 24cm쯤으로 갈매기 가운데 몸집이 아주 작다. 꼬리가 제비 꼬리처럼 생겼고 몸집이 작아서 '쇠제비갈매기'라는 이름이 붙었다. 꼬리가 날렵하고 날개도 좁고 길어서 날 때 보면 날씬해 보인다. 이마는 희고 머리와 목 뒤는 검다. 부리는 노란색인데 끝이 검다. 다리는 짧고 귤색이다.

    쇠제비갈매기는 작은 물고기를 잡아먹는다. 한자리에서 날고 있다가 수면 가까이에 물고기가 보이면 날개를 오므리고 잽싸게 날아가 부리로 낚아챈다. 4~7월에 여러 쌍이 작은 무리를 지어 짝짓기를 하고 새끼를 친다. 바닷가나 강가 모래밭에서 모래를 오목하게 파고 알을 두세 개씩 낳는다.

척추동물 조류 도요목 갈매기과
몸길이 24cm쯤
먹이 작은 물고기
날아오는 곳 바닷가, 강가 모래밭
특징 꼬리가 제비 꼬리처럼 생겼다.

물수리
바다수리(북) *Pandion haliaetus*

 물수리는 바닷가나 강가로 날아오는 보기 드문 겨울 철새다. 텃새로 눌러앉아 살기도 한다. 머리는 하얀데, 검은 띠무늬가 눈을 지나 목 뒤까지 이어진다. 부리는 검다. 다리는 짧고 굵은데, 발톱이 사냥하기 좋게 생겼고 발바닥이 거칠다.

 말똥가리나 솔개 같은 다른 수리는 작은 짐승이나 새를 잡아먹지만 물수리는 물고기를 잡아먹는다. 물 위에서 빙빙 돌다가 먹잇감을 찾으면 다리를 아래로 늘어뜨린 채 날아가 발가락으로 낚아챈다. 발톱이 갈고리처럼 휘어지고 날카로워서 미끄러운 물고기를 잘 잡는다. 북녘에서는 '바다수리'라고 한다. 수가 적어서 환경부에서 보호종으로 정했다.

척추동물 조류 매목 수리과
몸길이 55~60cm
먹이 바닷물고기, 민물고기
날아오는 곳 바닷가, 강가
특징 발톱이 갈고리처럼 구부러졌다.

파래

포래, 물포래, 청태, 싱기 *Enteromorpha* spp.

2003년 2월, 경남 통영 연명 마을

파래는 바닷가 바위나 돌에 붙어서 자라는 흔한 바닷말이다. 민물이 흘러들어 오는 곳에서 잘 자라고, 바닷가 물웅덩이에서 넓게 무리를 짓기도 한다. 김이 나는 곳에 섞여서 나는 것도 볼 수 있다. 많이 먹는 바다나물이고 종류도 여러 가지다. 겨울에서 봄 사이가 제철이지만, 물이 잘 흐르는 곳에서는 1년 내내 볼 수 있다. 양식도 한다.

늦가을에 새로 돋은 파래를 깨끗이 씻어서 무를 채 썰어 넣고 새콤하게 무치면 입맛을 돋워 준다. 파래는 된장국도 끓이고 부침개도 해 먹는다. 말렸다가 밑반찬을 만들어 먹거나 김과 섞어서 파래김도 만든다.

파래나 청각처럼 푸른빛이 도는 바닷말을 '녹조류'라고 한다. 녹조류는 바닷말 가운데 수심이 가장 얕은 곳에 산다.

다른 바닷말과 섞여서 자라는 파래

녹조류 갈파래과
길이 10~20cm
나는 곳 갯바위
뜯는 때 겨울~봄
특징 흔하고, 많이 먹는 바닷말이다.

가시파래 <small>감태, 감투 *Enteromorpha prolifera*</small>

가시파래 말아 놓은 것
2003년 12월, 서울 노량진 수산시장

    가시파래는 남해 뻘밭에서 난다. 무척 가늘고 길며 드물게 난다. 쌀쌀한 늦가을에 돋기 시작해 겨울에 잠깐 나온다. 김 양식장에서도 볼 수 있다. 갯마을에서는 가시파래를 '감태'라고 하고, 물이 빠졌을 때 뻘밭에서 가시파래를 뜯는 것을 '감태를 맨다'고 한다. 추운 겨울에 허리를 구부려서 뜯다 보니 김매는 것처럼 힘들다고 이런 말이 생겼다. 뜯은 가시파래는 바닷물과 민물에 씻은 뒤 타래처럼 말아 낸다.

    가시파래는 소금과 풋고추를 넣고 '감태김치'를 만들어 먹는다. 김처럼 말려서 밥을 싸 먹기도 한다. 진짜 감태는 따로 있는데 갈조류 다시마과에 드는 바닷말로 동해와 남해 바닷속에서 산다.

녹조류 갈파래과
길이 30cm 이상
나는 곳 남해 오염되지 않은 뻘밭
뜯는 때 겨울
특징 한겨울에 뻘밭에서 뜯는다.

매생이

매산이 *Capsosiphon fulvescens*

매생이 말아 놓은 것
2004년 1월, 서울 노량진 수산시장

    매생이는 바닷말 가운데 가장 가늘다. 남해 뻘밭에서 자라고 자갈이나 바위에 붙어서 살기도 한다. 11월 중순쯤 돋기 시작해서 이듬해 1~2월이면 다 자란다. 검푸른빛에 윤이 나고 촘촘하며, 만지면 미끌미끌하다. 비슷하게 생긴 가시파래보다 조금 늦게 나온다. 김 양식장에서 김발에 붙어 자라기도 한다. 매생이는 뜯어서 바닷물과 민물에 잘 씻은 뒤 한 줌씩 크게 말아 낸다.

    매생이로 국을 끓이면 감칠맛이 나고 향긋하다. 무척 부드럽고 서로 엉켜서 풀어지지 않는다. 굴이나 돼지고기와 함께 끓이기도 한다. 차게 해서 먹어도 갯내가 안 나고 구수하다. 맛이 좋아서 숨겨 놓고 혼자만 먹는다는 말도 있다.

녹조류 매생이과
길이 30cm 이상
나는 곳 남해 오염되지 않은 뻘밭
뜯는 때 겨울
특징 머리카락처럼 가늘다.

청각

전각, 정각, 녹각채 *Codium fragile*

청각은 맑은 바닷속 바위나 조개껍데기에 붙어서 자란다. 잠수해서 뜯기도 한다. 봄에 새로 돋아나올 때 가지가 사슴뿔처럼 갈라진다고 '청각'이라는 이름이 붙었다. '녹각채'라고도 한다. 색깔은 짙은 초록색이며, 통통하고 부드럽고 매끄럽다. 다른 바다나물과 달리 여름에 많이 뜯는다.

청각은 맛이 담백하다. 날로도 먹지만 말렸다 먹어야 제맛이 난다. 김치에 넣으면 맛을 돋워 주고 덜 시게 해서 김장할 때 많이 쓴다. 데쳐서 무쳐 먹기도 한다. 전에는 횟배를 앓는 아이한테 먹이기도 했다. 청각은 녹조류지만 파래와 달리 꽤 깊은 바닷속에서도 난다.

녹조류 청각과
길이 10~30cm
나는 곳 바닷속 바위나 조개껍데기
뜯는 때 여름~가을
특징 김치 담글 때 많이 넣는다.

고리매 산파래 *Scytosiphon lomentaria*

2003년 2월, 경남 통영 연명 마을

고리매는 바닷가 바위나 자갈에 붙어 자란다. 훤히 드러난 바위보다 웅덩이에 많다. 늦가을에 실처럼 가느다랗게 돋아나서 이른 봄까지 자란다. 어릴 때는 무척 부드럽고 대롱처럼 속이 비어 있다. 옅은 밤색인데 다 자라면 색이 짙어지고 잘록잘록 마디가 생긴다. 여름에는 녹아서 없어진다. 다른 바닷말에는 여러 생물들이 붙어서 살지만 고리매는 매끈해서 다른 생물이 잘 안 붙는다.

고리매는 어린 것을 뜯어 먹는다. 날로 무쳐 먹거나 된장에 박아 장아찌를 만든다. 데치면 질겨져서 못 먹는다.

갈조류 고리매과
길이 50~70cm
나는 곳 남해·서해 갯바위나 자갈밭
뜯는 때 겨울~이른 봄
특징 다 자라면 가지에 마디가 생긴다.

다시마

곤포(북), 다시미, 다시매, 곤피 *Laminaria japonica*

다시마는 물이 차고 맑은 동해에서 많이 난다. 바닷속 바위에 단단히 붙어 자란다. 몸은 잎과 줄기와 뿌리로 되어 있는데, 미역보다 훨씬 두껍고 미끌미끌하며 무척 길다. 보통 잎 길이는 2~6m인데, 큰 것은 10m나 되는 것도 있다. 다 자란 다시마는 커다란 띠처럼 생겼고 색깔은 밤색이고 윤이 난다. 잎 가장자리는 물결 같은 주름이 져 있다. 잎 가운데는 두껍고 주름진 변두리는 얇다. 뿌리는 둥글게 얽혀서 바위에 달라붙는다. 겨울에는 덜 자라서 크기가 작고, 5~6월이 제철이다.

다시마는 말려서 많이 쓴다. 국물을 내어 먹거나 튀겨 먹는다. 데쳐서 쌈을 싸 먹기도 한다. 양식도 많이 하고 전복을 기르는 데 먹이로도 쓴다.

다시마처럼 색깔이 갈색인 바닷말을 '갈조류'라고 한다. 녹조류보다 깊은 물에서 자라고, 길이가 몇 미터나 되는 것이 많아서 바닷속에서 숲을 이루기도 한다.

갈조류 다시마과
길이 2~6m
나는 곳 동해·남해 바닷속 갯바위
뜯는 때 5~6월
특징 국물을 낼 때 많이 쓴다.

미역
메악, 멕, 먹, 메기 *Undaria pinnatifida*

미역은 바닷속 바위에 붙어서 자란다. 동해와 남해와 제주도에서 많이 난다. 부산 기장과 전라남도 완도는 미역이 많이 나는 곳으로 이름이 나 있다. 미역은 흔하고 영양이 많아서 아주 즐겨 먹는 바다나물이다. 양식도 많이 한다. 다시마처럼 잎과 줄기와 뿌리로 되어 있고 길이는 1~2m쯤 된다. 뿌리 바로 위에 쭈글쭈글하게 생긴 미역귀가 있는데 여기에서 미역 씨가 나온다. 미역을 딸 때 미역귀를 남겨 두면 다음에 또 자라난다. 가을에서 봄까지 많이 자라고 여름에는 녹아 없어진다.

미역은 말렸다가 국을 끓여 먹는다. 피를 맑게 하고 젖이 잘 나오게 도와주기 때문에 아기를 낳은 엄마는 미역국을 많이 먹는다. 줄기는 볶아 먹고 미역귀는 따로 모아서 말렸다가 튀겨 먹는다.

미역귀 ....
뿌리 ....

2003년 1월, 경남 통영 연명 마을

갈조류 미역과
길이 1~2m
나는 곳 얕은 바닷속 바위
뜯는 때 겨울~봄
특징 미역국을 많이 끓여 먹는다.

톳

톳나물, 톨 *Hizikia fusiformis*

2003년 1월, 경남 통영 연명 마을

톳은 갯바위에 무더기로 붙어서 자란다. 남해와 제주도에서 많이 난다. 가을에 돋기 시작해서 봄에는 갯바위를 뒤덮기도 한다. 보통 1m까지 자란다. 겨울부터 이른 봄까지 여러 차례 뜯을 수 있다. 여름에는 녹아 없어진다. 오래전부터 나물로 많이 먹어서 '톳나물'이라고도 한다. 양식도 많이 한다.

톳은 이른 봄에 입맛을 돋워 준다. 누런 밤색인데 데치면 푸르게 변한다. 데친 뒤 으깬 두부를 넣어 새콤하게 무쳐 먹으면 통통한 줄기가 톡톡 터지면서 씹는 맛이 좋다. 밀린 톳은 삶아서 들깨 간 것을 넣어 구수한 '숩나물'을 해 먹는다. 갯마을에서는 톳을 넣어 '톳나물밥'을 지어 먹기도 한다.

갈조류 모자반과
길이 30~300cm
나는 곳 서해·남해·제주도 갯바위
뜯는 때 겨울~이른 봄
특징 톳나물밥을 지어 먹는다.

모자반 몰, 말, 몸, 몰망, 모재기, 모자기 *Sargassum fulvellum*

모자반은 햇빛이 잘 드는 맑은 바닷속 바위에 붙어 자란다. 크게 자라서 바닷속에서 숲을 이루는 대표 식물이다. 모자반은 줄기에 구슬 같은 공기주머니가 붙어 있어서 몸을 곧게 지탱하거나 햇빛을 받기 좋다. 바위에 붙어 자라다가 떨어져 나가면 이 공기주머니 덕분에 물에 뜬다.

모자반은 가을에 싹이 나서 겨울과 봄에 우거진다. 키가 10m까지 자라기도 한다. 모자반이 무리 지어 자란 바닷속은 마치 넝쿨이 우거져 있는 숲속 같다고 한다. 모자반이 우거진 곳에는 바닷속 동물들이 많이 산다. 먹을 것을 얻거나 알을 낳고 새끼를 키우기에 좋기 때문이다.

모자반은 어린 줄기를 잘라서 먹는다. 데치면 푸르게 되는데, 말렸다가 오래 두고 먹는다.

갈조류 모자반과
길이 1~10m
나는 곳 남해·동해·제주도 바닷속 바위
뜯는 때 겨울~이른 봄
특징 바닷속에서 우거져 숲을 이룬다.

지충이

지총, 지충 *Sargassum thunbergii*

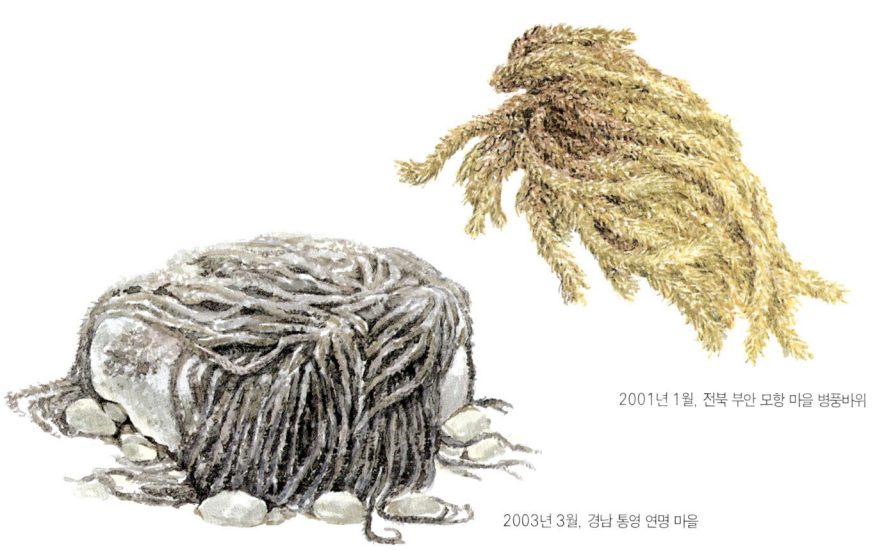

2001년 1월, 전북 부안 모항 마을 병풍바위

2003년 3월, 경남 통영 연명 마을

　지충이는 바닷가 갯바위에서 무리를 지어 붙어 자란다. 흔한 바다나물이다. 흑갈색 갈조류로 한 몸에서 줄기가 여러 개 뻗어 나온다. 겨울에 돋기 시작해서 봄이 되면 갯바위를 뒤덮을 만큼 많이 자란다. 갯마을에서는 지충이가 아주 많이 나는 곳을 '지충이밭'이라고 한다. 톳과 섞여 나기도 한다.

　지충이는 연할 때 뜯어서 데쳐 먹는다. 데친 지충이에 된장을 넣고 팔팔 끓여서 밥에 비벼 먹어도 맛있다. 다 자란 것은 껄끄러워서 못 먹는다. 옛날에 양식이 귀할 때는 알곡은 조금 넣고 지충이는 많이 넣어서 '지충이밥'을 해 먹기도 했다. 파도에 쓸려 온 지충이는 집짐승을 먹이거나 거름으로도 쓴다.

갈조류 모자반과
길이 30~100cm
나는 곳 서해·남해 갯바위
뜯는 때 겨울
특징 봄에 갯바위를 뒤덮는다.

김

짐, 해우, 해이, 누덕나물, 돌김, 깁 *Porphyra* spp.

2003년 1월, 경남 통영 연명 마을

김은 바닷가 바위나 돌에 이끼처럼 붙어 자란다. 바위에 누덕누덕 붙는다고 '누덕나물'이라고도 한다. 찬바람 부는 늦가을에 점점이 돋기 시작해서 한겨울에 바위를 뒤덮는다. 빛깔은 검붉고 줄기가 따로 없이 얇고 부드러운 막처럼 생겼다. 뜯으면 며칠 있다가 같은 자리에 또 돋는다. 파래와 섞여 나기도 한다.

김은 향긋하고 고소한 바다나물이다. 영양도 높아서 양식을 많이 한다. 1~2월에 나오는 햇김이 맛이 더 좋다. 구워서 많이 먹고, 무쳐 먹거나 국을 끓여 먹기도 한다. 김이나 우뭇가사리처럼 붉은빛이 도는 바닷말을 두루 '홍조류'라고 한다. 홍조류 무리는 크기가 작은 편이고, 녹조류나 갈조류보다 사는 곳이 넓어서 바닷가 얕은 데서부터 깊은 바닷속까지 널리 퍼져서 산다.

홍조류 보라털과
길이 15~30cm
나는 곳 갯바위
뜯는 때 겨울~이른 봄
특징 사람들이 즐겨 먹는다.

우뭇가사리 천초, 천추, 풍락초 *Gelidium amansii*

2003년 3월, 경남 통영 연명 마을

우뭇가사리는 맑은 바닷속 바위나 돌에 붙어서 자란다. 흔한 바닷말로 남해와 제주도에 많다. 색깔은 붉은 보랏빛이고, 길이는 10~30cm로 짧은 편이다. 얇고 가는 줄기가 여러 갈래로 갈라져 있다. 봄과 여름에 많이 뜯는데, 뿌리를 남겨 두면 또 돋아난다. 뿌리가 짧아서 작은 파도에도 뿌리째 뽑혀 나올 때가 많다. 파도에 밀려온 것을 줍기도 한다. 우뭇가사리가 많이 나는 곳을 '천초밭'이라고 한다. 늦가을쯤에는 밑동만 남고 녹아 없어진다.

우뭇가사리는 묵을 만들어 먹는다. 붉은 우뭇가사리를 허옇게 될 때까지 비도 맞히고 햇볕도 쬐어 바짝 말린다. 이것을 푹 끓여서 식히면 우무묵이 되는데 '한천'이라고 한다.

홍조류 우뭇가사리과
길이 10~30cm
나는 곳 맑은 바닷속 바위나 돌
뜯는 때 봄~여름
특징 묵을 만들어 먹는다.

불등풀가사리 까시리, 가시리, 새미, 불등가사리 *Gloiopeltis furcata*

2001년 1월, 전북 부안 모항 마을 병풍바위

    불등풀가사리는 갯바위에 까실까실하게 돋아 있다. 물 가까운 갯바위 맨 위쪽에 붙어 자라는데 남해와 제주도에 많다. 색깔은 밤색이고, 길이가 1~10cm로 짧다. 가지가 가늘고 끝은 뾰족하며 속이 비어 있다. 탱탱한 느낌을 준다. 겨울부터 이듬해 봄까지 뜯는데, 풀기가 많고 미끈거려서 재를 뿌리고 뜯기도 한다.
    불등풀가사리로 국을 끓이면 국물이 뽀얗게 우러난다. 고둥 깐 것이나 조개를 넣고 끓이기도 한다. 파래를 섞어 무쳐 먹거나 밀가루를 묻혀 쪄 먹기도 한다. 말렸다가 오래 두고 먹기도 한다. 전라도 갯마을에서는 '새미'라고 하는데 말려서 자반을 만든다. 새미 자반은 맛이 좋아서 잔칫상에 빠지지 않았다고 한다. 씹으면 사그락사그락 소리가 난다.

홍조류 풀가사리과
길이 1~10cm
나는 곳 물 가까운 갯바위 위쪽
뜯는 때 겨울~이른 봄
특징 갯바위 맨 위쪽에 붙어 자란다.

참도박 곰피 *Grateloupia elliptica*

2003년 3월, 경남 통영 연명 마을

참도박은 바닷가 바위나 돌에 붙어서 자란다. 이른 봄에 물 빠진 바닷가를 뒤덮을 만큼 많이 나기도 한다. 색깔이 붉다. 얼핏 보면 미역과 비슷하게 생겼는데 더 빳빳하고 무척 미끈거린다. 가장자리가 뜯겨 있거나 구멍이 나 있는 것은 고둥 따위가 참도박을 뜯어 먹은 자국이다.

참도박은 못 먹는다. 예전에는 뜯어서 말렸다가 풀을 만들어 썼다. 푹 고면 찐득찐득한 물이 나오는데 삼베옷에 풀 먹일 때나 벽지를 바를 때 많이 썼다. 한번 붙이면 잘 안 떨어지고 습기에도 강하다.

홍조류 지누아리과
길이 20~60cm
나는 곳 갯바위
특징 풀을 만들어 썼다.

꼬시래기

꼬시락 *Gracilaria verrucosa*

2001년 4월, 전북 부안 궁항 마을

꼬시래기는 갯바위에 붙어서 자란다. 모래밭이나 뻘밭에 있는 자갈이나 조개껍데기에 붙어서 자라기도 한다. 민물이 드나들고 파도가 잔잔한 바닷가에 많다. 갯바닥에 있을 때는 긴 머리카락이 헝클어져 있는 것처럼 보인다. 물속에서는 검붉은색이지만 햇빛에 드러나면 검게 된다. 1년 내내 볼 수 있다.

꼬시래기는 겨울과 봄에 많이 뜯는다. 데쳐서 무쳐 먹으면 입맛을 돋워 준다. 데치면 푸르게 변한다. 자주 먹어도 안 물린다.

홍조류 꼬시래기과
길이 20cm쯤
나는 곳 서해·남해 갯벌
뜯는 때 겨울~이듬해 봄
특징 긴 머리카락같이 생겼다.

거머리말 잘피, 진저리 *Zostera marina*

2004년 5월, 전남 진도군 조도 갯벌

거머리말은 얕은 바다나 강어귀 진흙 바닥에서 산다. 물이 깨끗하고 파도가 세지 않은 바닷속에서 숲을 이루어 자란다. 잎이 가늘고 긴 끈 같다. 잔털이 없고 매끈하며 길이는 50~100cm쯤 된다. 봄에 푸른색 꽃이 핀다.

흔히 '잘피'라고 하며, 무리 지어 드넓게 숲을 이룬 곳은 '잘피밭'이라고 한다. 잘피밭은 다른 생물들이 깃들어 사는 보금자리다. 물고기는 기다란 거머리말 잎에 제 알을 붙여 놓는다. 또 거머리말은 바닷물을 맑게 해 준다.

예전에는 쉽게 볼 수 있었지만 요즘은 바다가 오염되어서 거머리말이 많지 않다. 희고 굵은 뿌리를 먹기도 하는데 단맛이 난다.

거머리말과 여러해살이풀
높이 50~100cm
꽃 피는 때 3~5월
나는 곳 얕은 바다나 강어귀 진흙 바닥
특징 무리 지어 숲을 이룬다.

갈대

갈, 갈풀, 깔때, 갈삐럭이 *Phragmites communis*

2003년 9월, 충남 태안

갈대는 강어귀나 뻘밭 가장자리 물기가 많은 땅에서 자란다. 크게 무리를 지어 '갈대밭'을 이룬다. 뿌리줄기 마디마디에서 싹이 나와 번식한다. 뿌리가 아주 복잡하게 얽혀 있어서 다른 식물이 끼어들지 못한다. 뿌리줄기 마디마다 수염뿌리가 나는데, 이 뿌리는 흙이 떠내려가지 않게 막아 주고 뭍에서 바다로 흘러들어 오는 오염 물질을 걸러 낸다.

갈대는 키가 3m까지 크고, 뿌리와 줄기 밑동이 늘 물에 잠긴 채 자란다. 줄기는 곧고 단단한데 속이 비었다. 가을이면 고깔처럼 생긴 붉은 밤색 꽃이 피는데, 나중에는 부풀린 허연 털실처럼 된다. 갈대 줄기를 베어 돗자리나 발을 엮고 지붕을 인다. 이삭으로는 방을 쓰는 빗자루를 만든다.

벼과 여러해살이풀
높이 2~3m
꽃 피는 때 9월
이삭 여무는 때 늦가을
나는 곳 강어귀, 바닷가
특징 물가에서 자란다.

나문재

갯솔나물, 나문채, 해나물 *Suaeda asparagoides*

2002년 6월, 인천 소래 포구

나문재는 바닷가 갯벌이나 모래밭에 흔하게 난다. 뭍 가까운 서해 갯가에서 크게 무리를 지어 자란다. 잎이 솔잎처럼 생겨서 '갯솔나무'라고도 한다. 줄기에서 가지가 많이 갈라져 나온다. 줄기와 가지가 똑바로 자라고, 짧고 가는 잎이 빽빽하게 난다. 여름에는 잎겨드랑이에서 자잘한 초록색 꽃이 한두 송이씩 핀다. 초여름이면 아래서부터 위쪽으로 색깔이 점점 붉게 변한다. 다 자라면 키가 1m 가까이 된다. 나문재는 봄에 어린순을 뜯어서 무쳐 먹는다. 데쳐서 말렸다가 오래 두고 먹기도 한다.

명아주과 한해살이풀
높이 30~90cm
꽃 피는 때 7~8월
나는 곳 서해·남해 갯벌
뜯는 때 봄
특징 어린순을 뜯어서 무쳐 먹는다.

퉁퉁마디

함초, 산호초 *Salicornia herbacea*

2003년 10월, 경기 안산 시화호

통통마디는 갯벌이나 바닷가와 맞닿은 강어귀 진흙밭에 무리 지어 난다. 염전 수로 같은 곳에도 많다. 줄기가 통통하고 마디가 많이 져서 '통통마디'라는 이름이 붙었다. 바닷물이 있어야 살아가지만 바닷물에 오래 잠겨 있으면 죽고 만다. 높이 25~30cm까지 자라는데, 가지가 마주나기로 나서 그 생김새가 산호 같다고 '산호초'라고도 한다.

여름에는 푸른색이다가 가을에 붉은 자줏빛으로 바뀐다. 소금기가 많은 곳에서는 싹틀 때부터 붉은빛을 띤다. 줄기에서 짠맛이 나서 '함초'라고도 하는데, 소금이 귀할 때 통통마디를 소금 대신 쓰기도 했다. 늦봄부터 여름 사이에 뜯어서 말렸다가 가루를 내어 음식에 넣었다.

통통마디는 연할 때 뜯어서 무쳐 먹거나 물김치를 담가 먹는다. 향긋하고 아삭아삭 씹힌다. 요즘은 약으로도 많이 쓴다. 똥이 잘 나오게 도와주고 피가 잘 돌게 해 준다.

명아주과 한해살이풀
높이 10~30cm
꽃 피는 때 8~10월
나는 곳 서해·남해 갯벌, 강어귀
뜯는 때 봄
특징 짠맛이 나서 소금 대신 썼다.

칠면초 *Suaeda japonica*

칠면초는 서해와 남해 갯벌이나 강어귀에 넓게 무리를 짓고 산다. 밀물 때 물에 잠기는 데서부터 뭍과 가까운 딱딱한 갯가까지 널리 퍼져 자란다. 줄기가 곧게 서고 통통한데 높이 30~40cm까지 자란다. 잎은 방망이처럼 생겼다. 색깔은 여름에는 푸른색이다가 가을에 붉은색이나 자주색으로 바뀐다. 사는 곳에 따라 처음부터 붉은빛을 띠기도 한다. 소금기가 많은 곳에서는 어린순일 때부터 붉은빛을 띤다. 나서 죽을 때까지 색깔이 일곱 번 바뀐다고 '칠면초'라고 한다. 자줏빛으로 물든 칠면초 무리가 칙칙한 잿빛 갯벌을 뒤덮어 멋진 풍경을 이루기도 한다.

2005년 8월, 인천 영종도

명아주과 한해살이풀
높이 30~40cm
꽃 피는 때 7~8월
나는 곳 서해·남해 갯벌이나 모래땅
특징 잿빛 갯벌을 붉게 물들인다.

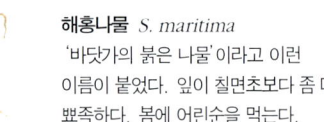

해홍나물 *S. maritima*
'바닷가의 붉은 나물'이라고 이런 이름이 붙었다. 잎이 칠면초보다 좀 더 뾰족하다. 봄에 어린순을 먹는다.

수송나물

쑨나물, 가시솔나물, 저모채 *Salsola komarovii*

2003년 5월, 인천 강화도

  수송나물은 바닷가 모래땅에서 산다. 밑에서 가지가 많이 갈라지고 비스듬하게 누워 자라며, 다 크면 높이가 30~40cm쯤 된다. 어린순이 솔잎 같다고 '가시솔나물'이라고도 한다. 잎이 뾰족하면서도 통통하다. 어린 것은 부드러운데 다 자라면 딱딱해진다. 또 잎끝이 가시같이 바뀌어 찔리면 따끔하다. 여름에 잎겨드랑이에서 연초록빛 꽃이 한 송이씩 핀다. 겨울에도 좀체 시들지 않는다.

  수송나물은 봄에 어린순을 뜯어 나물로 먹는데 입맛을 돋워 주고 기운도 나게 한다. 5월 단오가 지나면 줄기가 억세어지고 쓴맛이 나서 못 먹는다. 연할 때 뜯어서 말렸다가 묵나물을 만들어 오래 두고 먹는다. 국을 끓이거나 튀김을 해 먹기도 하고 약재로도 쓴다.

명아주과 한해살이풀
높이 10~40cm
꽃 피는 때 7~8월
나는 곳 서해·남해 갯벌이나 모래땅
뜯는 때 봄
특징 어린순을 뜯어 나물로 먹는다.

통보리사초 큰보리대가리, 보리사초 *Carex kobomugi*

2004년 6월, 충남 태안 신두리

통보리사초는 바닷물이 안 닿는 바닷가 모래밭에서 무리 지어 자란다. 바닷가 모래 언덕에서 흔하게 볼 수 있는 사구 식물이다. '사구'는 모래 언덕이다. 높이는 10~20cm로 키가 작은 편이고 잎이 뿌리에서 바로 올라온다. 줄기는 세모졌다. 줄기 끝에 푸른색 꽃 한 송이가 늦봄부터 여름 내내 핀다. 한쪽에서 푸른 꽃이 피어 있을 때 다른 쪽에서는 열매가 누렇게 익어 가는 것을 볼 수 있다. 열매는 보리처럼 생겼다.

통보리사초는 뿌리줄기로 번식한다. 모래 속에서 굵고 단단한 뿌리줄기를 옆으로 길게 뻗는데 해마다 뿌리줄기가 5m 넘게 자란다. 통보리사초 뿌리가 모래를 잘 뭉쳐 주기 때문에, 모래흙이 무너져 내리는 것을 막으려고 사람들이 일부러 심기도 한다. 전에는 소먹이나 거름으로 쓰기도 했다. 열매를 약으로 쓴다.

좀보리사초 *C. pumila*
바닷가 모래땅에 흔하게 난다. 뿌리줄기로 뻗어 나간다. 5~6월에 꽃이 피는데 수꽃은 위쪽에, 암꽃은 아래쪽 꽃대에 달린다.

사초과 여러해살이풀
높이 10~20cm
꽃 피는 때 5~8월
나는 곳 바닷가 마른 모래땅
특징 바닷가 모래밭에서 무리 지어 산다.

갯완두

개완두 *Lathyrus japonicus*

2004년 6월, 충남 태안 신두리

    갯완두는 바닷가 마른 모래땅에서 흔하게 난다. 비스듬히 누워서 자란다. 완두와 비슷하게 생겼는데 조금 작다. 뿌리줄기가 땅속으로 길게 뻗으면서 제멋대로 퍼진다. 땅 위로 나온 줄기는 60cm까지 자라고, 잎끝에는 덩굴손이 있다. 봄에 피는 꽃은 붉은 보라색인데 점점 파르스름한 보라색으로 바뀐다. 긴 꽃대 끝에 꽃이 3~5송이씩 달린다. 꽃이 지면 길이가 3cm쯤 되는 꼬투리가 달린다.

    갯완두는 이른 봄에 어린싹을 나물로 먹는다. 살짝 데쳐서 무쳐 먹는데 맛이 순하고 달다. 국을 끓이기도 한다. 어린싹을 말려서 약으로도 쓴다. 열을 내리고 오줌을 잘 누게 도와준다.

콩과 여러해살이풀
높이 20~60cm
꽃 피는 때 5~6월
나는 곳 바닷가 마른 모래땅
뜯는 때 이른 봄
특징 완두와 비슷하게 생겼다.

갯메꽃

개메꽃 *Calystegia soldanella*

2001년 6월, 전북 부안 살구미

갯메꽃은 바닷가 모래땅에서 흔하게 자라는 덩굴 식물이다. 밀물 때 물에 잠기는 바닷가에서부터 물이 닿지 않는 높은 데까지 널리 퍼져 산다. 모래 속으로 뿌리줄기를 뻗어 번식하면서 넓게 무리를 짓는다. 땅 위로 나온 줄기는 덩굴지며 땅 위를 긴다. 바위 틈새를 따라가면서 덩굴을 뻗기도 한다. 봄에 나팔꽃처럼 생긴 연분홍 꽃이 피는데 분홍색 바탕에 흰 줄무늬가 나 있다. 잎은 메꽃 잎과 달리 길쭉하지 않고 동글동글하고 도톰하다. 반들반들 윤도 난다.

갯메꽃은 어린순을 나물로 먹는다. 국숫발같이 생긴 흰 뿌리는 날로 먹거나 삶아서 먹는다. 약으로도 쓴다.

메꽃과 여러해살이풀
높이 30~60cm
꽃 피는 때 5~7월
나는 곳 바닷가 모래땅
특징 메꽃과 비슷한데 잎이 둥글다.

갯방풍 방풍나물, 해방풍, 빈방풍, 장명초 *Glehnia littoralis*

2003년 8월, 전북 부안 고사포 해수욕장

갯방풍은 바람이 많이 부는 바닷가 모래땅에서 자란다. 뿌리가 깊고 바닥에 바싹 붙어 자라서 바닷가 센 바람도 이길 수 있다고 '갯방풍'이라는 이름이 생겼다. 다른 풀이 거의 없는 곳에서도 나며, 줄기와 잎까지 모래에 묻히기도 한다.

갯방풍은 온몸에서 독특한 향이 나고 털이 많이 나 있다. 잎은 두툼하고 윤이 나며 가장자리에 톱니가 있다. 겨울에도 잎이 시들지 않는다. 잎자루는 자줏빛이 돈다. 5~7월에 줄기 끝에 흰 꽃이 소복하게 모여 핀다. 뿌리는 모래 속으로 깊고 곧게 뻗는데 긴 것은 1m까지 뻗기도 한다. 뿌리가 깊어서 잘 안 뽑힌다. 바위 절벽에 붙어서 자라기도 한다. 제주도에서는 모래에서 나는 갯방풍은 '모살방풍', 바위틈에서 자라는 것은 '빌레방풍'이라고 한다.

갯방풍은 어린순을 나물로 먹는데 살짝 데쳐야 맛과 향을 제대로 느낄 수 있다. 매운맛이 나고 쌉싸래하면서 향긋하다. 잎은 쌈을 싸 먹거나 즙을 내 먹는다. 죽을 쑤어 먹기도 하고 튀김도 해 먹는다. 뿌리는 가을과 겨울에 캐서 말렸다가 약으로 쓴다. 달이거나 가루를 내어 먹는다. 기침과 가래를 없애 주고, 감기로 열이 나고 머리가 아플 때 또 목이 쉬었을 때 먹으면 잘 듣는다. 몸에 좋아서 오래 살게 해 준다고 '장명초'라고도 한다. 채소와 약으로 쓰려고 일부러 심기도 한다. 바람에 모래가 날리는 것을 막으려고 바닷가 모래 언덕에 심기도 한다.

미나리과 여러해살이풀
높이 5~40cm
꽃 피는 때 5~7월
나는 곳 바닷가 모래땅, 바위벼랑
뜯는 때 봄
특징 뿌리를 아주 깊이 뻗는다.

해당화 바다찔레, 붉은찔레, 큰찔레, 때찔레 *Rosa rugosa*

2004년 8월, 충남 태안 신두리

해당화는 바닷가 모래땅이나 산기슭에서 자라는 나무다. 바닷물이 안 닿는 모래밭에서 사는 사구 식물이다. 바닷바람에도 강하고 소금기에도 잘 견뎌서 바닷가 모래땅에서 잘 자란다. 햇빛이 잘 드는 우물가나 산기슭에서 저절로 자라기도 한다. 뿌리에서 줄기가 여러 개 나오고 줄기가 가지를 많이 쳐서 덤불을 이룬다. 가지에는 가늘고 긴 가시가 빽빽하게 나 있고 가시마다 털이 있다. 잎은 두껍고 윤이 나는데 까실까실한 톱니가 있다.

　여름이면 큼직한 자줏빛 꽃이 피는데 향기가 진하고 예쁘다. 흰 꽃도 핀다. 가을에 익는 열매는 동그랗고 빨갛고 윤이 난다. 속에 들어 있는 작은 씨앗을 파내고 먹기도 하는데 살이 푸석푸석하다. 씨앗을 파내면 꽈리처럼 속이 빈다. 그것을 입에 대고 불면 휘파람 소리가 난다.

　해당화는 열매와 꽃을 약으로 쓰고 뿌리는 염료로 쓴다. 해당화 물로 그물을 물들이기도 한다. 바닷가 마을에서는 꽃이 보기 좋다고 집 둘레에 산울타리 나무로 심기도 한다. 남쪽 지방에서는 해당화를 붉은찔레, 큰찔레, 때찔레라고 한다. 예전에는 바닷가에서 흔하게 볼 수 있었는데 요즘은 모래땅이 줄면서 보기가 쉽지 않게 되었다.

장미과 떨기나무
높이 2m쯤
꽃 피는 때 5~8월
나는 곳 바닷가 마른 모래땅
특징 여름에 큼직한 자줏빛 꽃이 핀다.

학명 찾아보기

A

Acanthochitona defilippii 털군부 146
Acetes japonicus 젓새우 76
Actiniidae 해변말미잘 163
Alpheus brevicristatus 딱총새우 77
Anthocidaris crassispina 보라성게 176
Anthopleura midori 풀색꽃해변말미잘 162
Aplysia kurodai 군소 144
Asterias amurensis 아무르불가사리 172
Asterina pectinifera 별불가사리 173
Atrina pectinata 키조개 90
Aurelia aurita 물해파리 158

B

Balanus albicostatus 고랑따개비 169
Barbatia virescens 복털조개 86
Batillaria cumingi 댕가리 128
Batillaria multiformis 갯고둥 128
Batillus cornutus 소라 123
Boleophthalmus pectinirostris 짱뚱어 187
Bullacta exarata 민챙이 143

C

Calidris alpina 민물도요 192
Callianassa japonica 쏙붙이 79
Callithaca adamsi 아담스백합 106
Calystegia soldanella 갯메꽃 223
Capsosiphon fulvescens 매생이 200
Carex kobomugi 통보리사초 220
Carex pumila 좀보리사초 221
Cavernularia obesa 바다선인장 160
Ceratostoma rorifluum 맵사리 137
Cerithideopsilla cingulata 비틀이고둥 128
Cerithideopsilla djadjariensis
갯비틀이고둥 128
Charybdis japonica 민꽃게 48
Chionoecetes japonicus 홍게 68
Chionoecetes opilio 대게 70
Chlamys nipponensis 비단가리비 92

Cleistostoma dilatatum 세스랑게 59
Codium fragile 청각 201
Crangon hakodatei 마루자주새우 76
Crassostrea gigas 굴 94
Cyclina sinensis 가무락조개 102

D

Dosinorbis japonicus 떡조개 104
Duplicaria koreana 고운무늬송곳고둥 138

E

Enteromorpha prolifera 가시파래 199
Enteromorpha spp. 파래 198
Erimacrus isenbeckii 털게 45
Eucrate crenata 무딘이빨게 51

F

Fulvia mutica 새조개 107

G

Gelidium amansii 우뭇가사리 209
Glauconome primeana 새알조개 99
Glehnia littoralis 갯방풍 224
Gloiopeltis furcata 불등풀가사리 210
Glossaulax didyma 큰구슬우렁이 130
Glyceridae 미갑갯지렁이 167
Glycymeris yessoensis 북방밤색무늬조개 97
Gomphina aequilatera 민들조개 101
Gracilaria verrucosa 꼬시래기 212
Grateloupia elliptica 참도박 211

H

Haematopus ostralegus 검은머리물떼새 190
Haliplanella lucia 담황줄말미잘 161
Halocynthia aurantium 붉은멍게 182
Halocynthia roretzi 멍게 182
Helice tridens tientsinensis 갈게 66
Helice tridens tridens 방게 64
Hemigrapsus penicillatus 풀게 63

Hemigrapsus sanguineus 무늬발게 62
Heminerita japonica 갈고둥 126
Hizikia fusiformis 톳 205

I
Ilyoplax deschampsi 펄콩게 52
Ilyoplax pingi 펄털콩게 52

L
Laminaria japonica 다시마 203
Laomedia astacina 가재붙이 80
Larus crassirostris 괭이갈매기 194
Larus ridibundus 붉은부리갈매기 195
Lathyrus japonicus 갯완두 222
Ligia exotica 갯강구 83
Lingula unguis 개맛 164
Littorina brevicula 총알고둥 127
Loligo sp. 꼴뚜기 148
Luidia quinaria 검은띠불가사리 171
Lunatia gilva 갯우렁이 132
Lunella coronata coreensis 눈알고둥 124

M
Macromedaeus distinguendus 꽃부채게 50
Macrophthalmus dilatatus 길게 60
Macrophthalmus japonicus 칠게 61
Mactra chinensis 개량조개 109
Mactra veneriformis 동죽 108
Matuta planipes 그물무늬금게 44
Megabalanus rosa 빨강따개비 169
Megacardita ferruginosa 갈색고랑조개 85
Meretrix petechialis 말백합 100
Mitrella bicincta 보리무륵 138
Monia umbonata 둥근잠쟁이 94
Monodonta labio confusa 개울타리고둥 120
Mytilus coruscus 홍합 88
Mytilus galloprovincialis 지중해담치 89

N
Nassarius festivus 왕좁쌀무늬고둥 139
Nemopilema nomurai 노무라입깃해파리 158
Neptunea constricta 명주매물고둥 142
Neptunea cumingi 갈색띠매물고둥 140
Neptunea polycostata 북방매물고둥 141
Nordotis discus 전복 116
Notoacmea concinna 둥근배무래기 118
Numenius madagascariensis 알락꼬리마도요 193

O
Ocinebrellus inornatum 어깨뿔고둥 136
Octopus minor 낙지 152
Octopus ocellatus 주꾸미 154
Octopus vulgaris 왜문어 156
Ocypode stimpsoni 달랑게 58
Omphalius rusticus 보말고둥 121
Ophiotrichidae 가시거미불가사리 174
Oratosquilla oratoria 갯가재 82
Ostrea denselamellosa 토굴 96

P
Pagurus dubius 긴발가락참집게 42
Pandion haliaetus 물수리 197
Parthenope valida 자게 73
Patelloida saccharina lanx 테두리고둥 119
Patinopecten yessoensis 큰가리비 93
Penaeus chinensis 대하 74
Perinereis vancaurica tetradentata 두토막눈썹참갯지렁이 166
Periophthalmus modestus 말뚝망둥어 186
Petrolisthes japonicus 갯가게붙이 81
Philyra pisum 밤게 43
Pholis sp. 베도라치 184
Phragmites communis 갈대 214
Platalea minor 저어새 188
Pollicipes mitella 거북손 168

Porphyra spp. 김 208
Portunus trituberculatus 꽃게 46
Protankyra bidentata 가시닻해삼 180
Protothaca jedoensis 살조개 105
Pseudocardium sachalinensis 북방대합 110
Pugettia quadridens quadridens 뿔물맞이게 72

R
Rapana venosa 피뿔고둥 133
Reishia clavigera 대수리 134
Rosa rugosa 해당화 226
Ruditapes philippinarum 바지락 98

S
Salicornia herbacea 퉁퉁마디 216
Salsola komarovii 수송나물 219
Sargassum fulvellum 모자반 206
Sargassum thunbergii 지충이 207
Saxidomus purpurata 개조개 99
Scapharca broughtonii 피조개 85
Scapharca subcrenata 새꼬막 84
Schizaster lacunosus 염통성게 177
Scopimera globosa 엽낭게 56
Scytosiphon lomentaria 고리매 202
Sepia sp. 갑오징어 150
Sesarma haematocheir 도둑게 67
Sinonovacula constricta 가리맛조개 112
Solecurtus divaricatus 돼지가리맛 113
Solen corneus 맛조개 114
Solen grandis 대맛조개 115
Sterna albifrons 쇠제비갈매기 196
Stichopus japonicus 돌기해삼 178
Styela clava 미더덕 181
Suaeda asparagoides 나문재 215
Suaeda japonica 칠면초 218
Suaeda maritima 해홍나물 218
Synechogobius hasta 풀망둑 185

T
Tadorna tadorna 혹부리오리 189
Tegillarca granosa 꼬막 84
Temnopleuridae 분지성게 175
Tetraclita japonica 검은큰따개비 170
Todarodes pacificus 살오징어 148
Tresus keenae 왕우럭조개 111

U
Uca arcuata 농게 54
Uca lactea lactea 흰발농게 53
Umbonium thomasi 황해비단고둥 122
Undaria pinnatifida 미역 204
Upogebia major 쏙 78
Urechis unicinctus 개불 165

V
Vanellus vanellus 댕기물떼새 191
Vignadula atrata 왜홍합 89

Z
Zostera marina 거머리말 213

우리말 찾아보기

가

가리맛조개 112
가리비 ▶ 비단가리비 92
　　　▶ 큰가리비 93
가마귀보말 ▶ 갈고둥 126
가마귀부리 ▶ 홍합 88
가무락조개 102
가무레기 ▶ 가무락조개 102
가시거미불가사리 174
가시닻해삼 180
가시리 ▶ 불등풀가사리 210
가시솔나물 ▶ 수송나물 219
가시파래 199
가재붙이 80
각시고동 ▶ 개울타리고둥 120
갈게 66
갈고둥 126
갈대 214
갈맛조개 ▶ 돼지가리맛 113
갈매기 ▶ 괭이갈매기 194
　　　▶ 붉은부리갈매기 195
　　　▶ 쇠제비갈매기 196
갈색고랑조개 85
갈색띠매물고둥 140
갈조류 28, 203
갑각류 16
갑오징어 150
강달소라 ▶ 대수리 134
강장동물 22
개굴 ▶ 토굴 96
개량조개 109
개맛 164
개불 165
개섭 ▶ 지중해담치 89

개울타리고둥 120
개조개 99
갯가게붙이 81
갯가재 82
갯강구 83
갯거시랑 ▶ 갯지렁이 166
갯고둥 128
갯도요 ▶ 민물도요 192
갯메꽃 223
갯방풍 224
갯비틀이고둥 128
갯완두 222
갯우렁이 132
갯지네 ▶ 갯지렁이 166
갯지렁이 166
거들레기 ▶ 집게 42
거머리말 213
거북손 168
검은꼬리갈매기 ▶ 괭이갈매기 194
검은띠불가사리 171
검은머리물떼새 190
검은뺨저어새 ▶ 저어새 188
검은큰따개비 170
게고둥 ▶ 집게 42
게골뱅이 ▶ 집게 42
게두 ▶ 키조개 90
고랑따개비 169
고리매 202
고막 ▶ 꼬막 84
고운무늬송곳고둥 138
곤포 ▶ 다시마 203
골뱅이 ▶ 큰구슬우렁이 130
관족 24, 173, 175, 176, 179
괭이갈매기 194

231

괴물유령갯지렁이 관 166
군벗 ▶ 군부 146
군부 146
군소 144
군수 ▶ 군소 144
굴 94
굴밍이 ▶ 군소 144
굴통 ▶ 검은큰따개비 170
굼보 ▶ 군부 146
그랭이 15, 100
그물무늬금게 44
극피동물 24
긴발가락참집게 42
긴부리까치도요 ▶ 검은머리물떼새 190
길게 60
김 208
꼬록 ▶ 꼴뚜기 148
꼬막 84
꼬시래기 212
꼴뚜기 148
꽃게 46
꽃부채게 50
꽃진경이 ▶ 혹부리오리 189
꿀 ▶ 굴 94

나

나문재 215
나이론담치 ▶ 지중해담치 89
낙지 152
날개갯지렁이 관 166
날추 ▶ 가무락조개 102
노랑조개 ▶ 개량조개 109
노무라입깃해파리 158
녹조류 28, 198

농게 54
농발게 ▶ 농게 54
눈머럭데기 ▶ 눈알고둥 124
눈알고둥 124
능쟁이 ▶ 길게 60
　　　　▶ 칠게 61

다

다시마 203
다모류 23
다판류 20
단추 ▶ 복털조개 86
달랑게 58
담치 ▶ 지중해담치 89
　　　▶ 홍합 88
담황줄말미잘 161
대게 70
대롱 ▶ 가무락조개 102
대맛조개 115
대수리 134
대하 74
대합 ▶ 개조개 99
댕가리 128
댕기물떼새 191
도끼조개 ▶ 키조개 90
도둑게 67
독게 ▶ 민꽃게 48
돌기해삼 178
돌깅이 ▶ 꽃부채게 50
동조개 ▶ 동죽 108
동죽 108
동해부인 ▶ 홍합 88
돼지가리맛 113
돼지솟꼴랭이 ▶ 돼지가리맛 113

232

두족류 20
두토막눈썹참갯지렁이 166
둥근배무래기 118
둥근잠쟁이 94
뒤엉 ▶ 살조개 105
등꼬부리 ▶ 군부 146
따개비 ▶ 고랑따개비 169
　　　▶ 빨강따개비 169
　　　▶ 검은큰따개비 170
딱지조개 ▶ 군부 146
딱총새우 77
떡조개 104
똘장게 ▶ 풀게 63
띠꾸지 ▶ 검은큰따개비 170

마

마당조개 ▶ 떡조개 104
마루자주새우 76
마름게 ▶ 자게 73
말뚝망둥어 186
말미잘 ▶ 담황줄말미잘 161
　　　▶ 풀색꽃해변말미잘 162
　　　▶ 해변말미잘 163
말백합 100
맛 ▶ 가리맛조개 112
　 ▶ 대맛조개 115
　 ▶ 돼지가리맛 113
　 ▶ 맛조개 114
맛조개 114
망둥어 ▶ 풀망둑 185
매생이 200
맵사리 137
먹보말 ▶ 보말고둥 121
멍게 182

멍석골뱅이 ▶ 왕좁쌀무늬고둥 139
명주매물고둥 142
명주살조개 ▶ 복털조개 86
모래고둥 ▶ 큰구슬우렁이 130
모래굴치 ▶ 개불 165
모시조개 ▶ 가무락조개 102
모자반 206
몰 ▶ 모자반 206
몰게 ▶ 털게 45
몸 ▶ 모자반 206
몸보말 ▶ 총알고둥 127
무늬발게 62
무딘이빨게 51
무룽개미 ▶ 민챙이 143
무리실 ▶ 해파리 158
문어 ▶ 왜문어 156
문저리 ▶ 풀망둑 185
물때 12
물수리 197
물웃 ▶ 해파리 158
물조개 ▶ 개조개 99
물토새기 ▶ 군소 144
물해파리 158
미 ▶ 해삼 178
미갑갯지렁이 167
미더덕 181
미역 204
민꽃게 48
민들조개 101
민물도요 192
민챙이 143
밀골뱅이 ▶ 보리무륵 138

바

바늘통토어 ▶ 맛조개 114
바다선인장 160
바다수리 ▶ 물수리 197
바다토끼 ▶ 군소 144
바디조개 ▶ 살조개 105
바스레기 ▶ 바지락 98
바위살렝이 ▶ 갯강구 83
바지락 98
박달게 ▶ 대게 70
박하지 ▶ 민꽃게 48
반들골뱅이 ▶ 큰구슬우렁이 130
반지락 ▶ 바지락 98
밤게 43
밥조개 ▶ 큰가리비 93
밥줄이 ▶ 갯강구 83
방게 64
방카지 ▶ 민꽃게 48
방풍나물 ▶ 갯방풍 224
배꼽 ▶ 큰구슬우렁이 130
배꼽발굽골뱅이 ▶ 보말고둥 121
배말 ▶ 둥근배무래기 118
배아픈고둥 ▶ 대수리 134
배오무리 ▶ 군부 146
백합 ▶ 말백합 100
뱀게 ▶ 도둑게 67
뱅어 ▶ 베도라치 184
베도라치 184
별불가사리 173
병부 22, 164
보라성게 176
보리무룩 138
보리밥탱이 ▶ 민챙이 143
보말고둥 121

보찰 ▶ 거북손 168
보호색 50
복족류 20
복털조개 86
부족류 18
북방대합 110
북방매물고둥 141
북방밤색무늬조개 97
분지성게 175
불가사리 ▶ 가시거미불가사리 174
　　　　▶ 검은띠불가사리 171
　　　　▶ 별불가사리 173
　　　　▶ 아무르불가사리 172
불등풀가사리 210
불래 ▶ 말뚝망둥어 186
불통 ▶ 동죽 108
붉은농발게 ▶ 농게 54
붉은대게 ▶ 홍게 68
붉은멍게 182
붉은부리갈매기 195
비단가리비 92
비단멍게 ▶ 붉은멍게 182
비틀이고둥 128
빗죽이 ▶ 떡조개 104
빠각게 ▶ 그물무늬금게 44
빨강따개비 169
뺑게 ▶ 대게 70
뻘떡게 ▶ 꽃게 46
뻥설게 ▶ 쏙 78
뿔고동 ▶ 어깨뿔고둥 136
뿔물맞이게 72
뿔소라 ▶ 소라 123
삐뚤이고둥 ▶ 갈색띠매물고둥 140
삐죽이 ▶ 떡조개 104

사

사구 식물 30
사리 12
살가지 ▶ 비단가리비 92
살골뱅이 ▶ 맵사리 137
살오징어 148
살조개 105
삿갓조개 ▶ 둥근배무래기 118
　　　　▶ 테두리고둥 119
상합 ▶ 백합 100
새꼬막 84
새미 ▶ 불등풀가사리 210
새알조개 99
새우 ▶ 대하 74
　　 ▶ 마루자주새우 76
　　 ▶ 젓새우 76
새조개 107
생복 ▶ 전복 116
생합 ▶ 백합 100
서렁게 ▶ 칠게 61
서해바다골뱅이 ▶ 갈색띠매물고둥 140
서해비단고둥 ▶ 황해비단고둥 122
석화 ▶ 굴 94
설게 ▶ 쏙 78
섭 ▶ 홍합 88
성게 ▶ 보라성게 176
　　 ▶ 분지성게 175
　　 ▶ 염통성게 177
세스랑게 59
소라 123
소라게 ▶ 집게 42
쇄딱지고둥 ▶ 눈알고둥 124
쇠갈매기 ▶ 쇠제비갈매기 196
쇠제비갈매기 196

아

수관 111, 112
수래미 ▶ 오징어 148
수송나물 219
수수골뱅이 ▶ 총알고둥 127
신짝 ▶ 군부 146
심방깅이 ▶ 도둑게 67
싼나물 ▶ 수송나물 219
쌔고둥 ▶ 총알고둥 127
써개 9, 115
쏙 78
쏙붙이 79
쓴고동 ▶ 대수리 134
씀벙게 ▶ 털게 45

아

아담스백합 106
아무르불가사리 172
알골뱅이 ▶ 눈알고둥 124
알락꼬리마도요 193
어깨뿔고둥 136
연두군부 146
연체동물 18
염생 식물 30
염통성게 177
엽낭게 56
영녁게 ▶ 내세 70
오징어 ▶ 갑오징어 150
　　　 ▶ 살오징어 148
오징어뼈 ▶ 갑오징어 150
옹알기 ▶ 달랑게 58
완족동물 22
왕게 ▶ 대게 70
왕새우 ▶ 대하 74
왕우럭조개 111

왕좁쌀무늬고둥 139
왜문어 156
왜홍합 89
우렁쉥이 ▶ 멍게 182
우뭇가사리 209
운피 ▶ 북방대합 110
웅게 ▶ 털게 45
웅피 ▶ 북방대합 110
유령갯지렁이 관 166
유령게 ▶ 달랑게 58
의충동물 22
이매패류 18
입수공 18, 183

자

자게 73
자라손이 ▶ 거북손 168
자포동물 22
잘피 ▶ 거머리말 213
잠퉁이 ▶ 짱뚱어 187
장명초 ▶ 갯방풍 224
쟁개비 ▶ 댕기물떼새 191
저어새 188
전복 116
절지동물 16
점복 ▶ 전복 116
젓새우 76
제비고동 ▶ 갈고둥 126
조금 12
조석 13, 95
족사 88, 89
좀보리사초 221
주꾸미 154
죽합 ▶ 대맛조개 115

줄배말 ▶ 테두리고둥 119
지름게 ▶ 무늬발게 62
지중해담치 89
지총 ▶ 지충이 207
지충이 207
직검발 ▶ 주꾸미 154
진주담치 ▶ 지중해담치 89
집게 42
짱뚱어 187
째보고동 ▶ 개울타리고둥 120
째복 ▶ 민들조개 101
쩍 ▶ 따개비 169
쭈꾸미 ▶ 주꾸미 154
찍게 ▶ 칠게 61
찔기미 ▶ 칠게 61

차

참고둥 ▶ 보말고둥 121
참꼬막 ▶ 꼬막 84
참도박 211
참오징어 ▶ 갑오징어 150
천초 ▶ 우뭇가사리 209
철새 27
청각 201
쳉이 ▶ 키조개 90
총알고둥 127
출수공 18, 183
치설 ▶ 허이빨 20, 131, 132
칠게 61
칠면초 218

카

콩게 ▶ 엽낭게 56
　　　▶ 필털콩게 52

퀴 ▶ 보라성게 176
큰가리비 93
큰구슬우렁이 130
큰굴골뱅이 ▶ 어깨뿔고둥 136
큰바스레기 ▶ 살조개 105
큰새우 ▶ 대하 74
큰피조개 ▶ 피조개 85
키조개 90

타

탈피 16
털게 45
털군부 146
털보집갯지렁이 관 166
털조개 ▶ 피조개 85
텃새 27
테두리고둥 119
토굴 96
토어 ▶ 대맛조개 115
톨 ▶ 톳 205
톳 205
통보리사초 220
퉁퉁마디 216

파

파래 198
퍽굴 ▶ 토굴 96
펄콩게 52
펄털콩게 52
푸른록조개 ▶ 개맛 164
풀게 63
풀망둑 185

풀색꽃해변말미잘 162
플랑크톤 16
피둥어꼴뚜기 ▶ 오징어 148
피뿔고둥 133
피조개 85

하

한치오징어 149
할미손톱 ▶ 군부 146
할뱅이 ▶ 군부 146
함초 ▶ 퉁퉁마디 216
해당화 226
해방조개 ▶ 개량조개 109
해변말미잘 163
해삼 178
해양 ▶ 풀색꽃해변말미잘 162
　　　▶ 해변말미잘 163
해파리 ▶ 노무라입깃해파리 158
　　　　▶ 물해파리 158
해홍나물 218
혀이빨 20, 131, 132
혹부리오리 189
홍게 68
홍조개 ▶ 북방밤색무늬조개 97
홍조류 28, 208
홍합 88
홍합 ▶ 지중해담치 89
환형동물 23
황해비단고둥 122
흰발농게 53
흰조개 ▶ 떡조개 104

* '홍조류'나 '환형동물'처럼 뜻풀이가 필요한 낱말은 색깔을 달리하여 넣었습니다.

참고한 책

《갯벌》(백용해, 창조문화, 2000)
《갯벌, 그 자연의 생명력 속으로!》(제종길 외, 녹색연합, 1998)
《갯벌 끈끈한 내 친구야》(이학곤, 꿈소담이, 2004)
《갯벌, 무슨 일이 일어나고 있을까?》(이혜영, 사계절, 2004)
《갯벌 생태와 환경》(이병구, 일진사, 2004)
《갯벌을 가다》(김준, 한얼미디어, 2004)
《갯벌 이야기》(백용해, 여성신문사, 2003)
《갯벌탐사도감》(김종문, 예림당, 2000)
《갯벌 환경과 생물》(이학곤, 아카데미서적, 2002)
《경기만의 갯벌》(최춘일, 경기문화재단, 2000)
《경남 어촌 민속지》(국립민속박물관, 2002)
《대한식물도감》(이창복, 향문사, 2003)
《동물원색도감》(과학백과사전종합출판사, 1982, 평양)
《몸에 좋은 산야초》(윤국병 외, 석오출판사, 1989)
《무슨 풀이야?》(도토리 기획, 보리출판사, 2003)
《바닷가 동물》(김훈수, 웅진출판, 1993)
《바닷가 생물》(백의인, 아카데미서적, 2001)
《바위해변에 사는 해양생물》(손민호, 풍등출판사, 2003)
《살아있는 갯벌 이야기》(백용해, 창조문화, 1999)
《새만금은 갯벌이다》(김준, 한얼미디어, 2006)
《서해 연안 – 전북의 포구와 섬》(조상진, 신아출판사, 1998)
《세밀화로 그린 보리 어린이 동물도감》(도토리 기획, 보리출판사, 1998)
《세밀화로 그린 보리 어린이 식물도감》(도토리 기획, 보리출판사, 1997)
《수중생물 원색도감》(황성, 공업종합출판사, 1993, 평양)
《쉽게 찾는 우리 새 – 강과 바다의 새》(김수일 외, 현암사, 2003)
《식물원색도감》(과학백과사전종합출판사, 2001, 평양)
《신원색한국패류도감》(권오길 외, 도서출판 한글, 2001)
《약초산행》(최진규, 김영사, 2002)
《우리 나라의 수산 자원》(경공업잡지사, 1960, 평양)
《우리 바다 해양 생물》(제종길 외, 다른세상, 2003)
《원색한국패류도감》(권오길 외, 아카데미서적, 1993)
《원색한국패류도감》(유종생, 일지사, 1991)
《월간 우리 바다》(수산업협동조합중앙회 홍보부, 1998.10~2006.6)

《자산어보》(정약전 지음, 정문기 옮김, 지식산업사, 1992)
《재미있는 바다생물 이야기》(박수현, 추수밭, 2006)
《재편집 동의학사전》(과학백과사전종합출판사, 까치, 1995)
《조선의 민속 전통》(과학백과사전종합출판사, 1994, 평양)
《조선의 바다》(박승국·윤익병, 한국문화사, 1999)
《조선조류원색도설》(원홍구, 과학원출판사, 1958, 평양)
《조선조류지 1, 2, 3》(원홍구, 과학원출판사, 1965, 평양)
《한국동물명집(곤충 제외)》(한국동물분류학회, 아카데미서적, 1997)
《한국동식물도감》(제19권 동물편 새우류, 문교부, 1977)
《한국동식물도감》(제25권 동물편 조류 생태, 문교부, 1981)
《한국동식물도감》(제14권 동물편 집게·게류, 문교부, 1973)
《한국동식물도감》(제8권 식물편 해조류, 문교부, 1968)
《한국식물명고》(이우철, 아카데미서적, 1997)
《한국의 갯벌》(고철환 엮음, 서울대학교 출판부, 2001)
《한국의 새》(이우신 외, 엘지상록재단, 2000)
《한국의 야생식물》(고경식 외, 일진사, 2003)
《한국의 조개》(이준상 외, 민패류연구소, 2005)
《한국해양무척추동물도감》(홍성윤 외, 아카데미서적, 2006)
《한국해양생물사진도감》(박흥식 외, 풍등출판사, 2001)
《해양생물학 - 저서생물》(윤성규·홍재상, 아카데미서적, 1995)
《현산어보를 찾아서》(1~5권) (이태원, 청어람미디어, 2002~2003)
《호박국에 밥말아 먹고 바다에 나가 별을 세던》(박형진, 내일을여는책, 1996)
Seashore Life of Britain & Europe, Bob Gibbons, New Holland Publishers, 2001, UK
Seashore of the Pacific Northwest, Ian Sheldon, Lone Pine Publishing, 1998, Canada

참고한 인터넷 홈페이지

http://www.nfrda.re.kr/ (국립수산과학원)
http://buan21.com/ (부안 21)
http://www.wbk.or.kr/ (습지와 새들의 친구)
http://birdinkorea.net/ (한국의 새)

그린이

- 이원우 선생님은 1964년 인천에서 태어났습니다. 추계예술대학교에서 서양화를 공부했고, 그림책 《갯벌에 뭐가 사나 볼래요》《뻘 속에 숨었어요》《갯벌에서 만나요》에 그림을 그렸습니다.

- 백남호 선생님은 1977년 경기도 가평에서 태어났습니다. 경민대학교에서 만화를 공부했고, 그림책 《소금이 온다》《야, 미역 좀 봐》에 그림을 그렸습니다.

- 조광현 선생님은 1959년 대구에서 태어났습니다. 홍익대학교에서 회화를 공부했고, 《야생동물 구조대》《엄마처럼 할 거야》《갯벌, 무슨 일이 일어나고 있을까?》에 그림을 그렸습니다.

- 천지현 선생님은 1984년 서울에서 태어났습니다. 한양여자대학에서 일러스트레이션을 공부했고, 제1회 보리 세밀화 공모전에서 달팽이 그림으로 상을 받았습니다.

- 김시영 선생님은 1966년 전남 함평에서 태어났습니다. 홍익대학교에서 서양화를 공부했고, 그림책 《벼가 자란다》《뿌웅 보리방귀》《와, 개똥참외다!》에 그림을 그렸습니다.

- 이주용 선생님은 1967년 서울에서 태어났습니다. 경원대학교에서 회화를 공부했고, 《개구리와 뱀》《무슨 꽃이야?》《무슨 풀이야?》에 그림을 그렸습니다.

- 이우만 선생님은 대학에서 미술을 공부했고, 《새들의 밥상》《뒷산의 새 이야기》《청딱따구리의 선물》같은 여러 그림책들을 쓰고 그렸습니다.